EL CÉSAR Y LA IGLESIA

*UN ESTUDIO BÍBLICO
SOBRE EL GOBIERNO
HUMANO Y LA IGLESIA*

ANTHONY FORSYTH

I0109067

KRESS
BIBLICAL
RESOURCES

EDITORIAL CULTURAL BYTES

Publicado por Kress Biblical Resources
www.kressbiblical.com

Diseño de portada: Kristina Morse (www.kristinajdesign.com)
Ilustración de portada: Timothy A. Moen
Traducción: Miguel Peñaloza
Diagramación: Viviana Garzón
Coordinación editorial: Cultural Bytes

Salvo que se indique lo contrario, las citas bíblicas provienen de la NUEVA BIBLIA DE LAS AMÉRICAS ®, Copyright ©. Usado con permiso.

Primera impresión en español, 2025

ISBN: 978-1-934952-90-0

CONTENIDO

Elogio de las relaciones del Gobierno Civil (César) con la iglesia cristiana

"Den a Dios lo que es de Dios y al César lo que es del César" (Marcos 12:17). Esta famosa respuesta del Señor Jesús a las preguntas malintencionadas de los fariseos ubica exactamente la posición legítima de la autoridad que tiene el César (*El César es el Gobierno Civil). Incluso en el ámbito del gobierno civil, la autoridad está subordinada al poder de Dios como se puede ver en la Carta de Pablo a los Romanos, en el capítulo 13. En efecto, las palabras del Señor Jesús afirman que Dios gobierna según su justicia sobre un dominio en el cual César (el gobierno humano) no tiene cabida. El apóstol Pablo deja bien claro que el gobierno humano (César) es delegado y es limitado por Dios. Dios es el único que posee toda la autoridad en los cielos y en la tierra. Cuando César se entromete en el ámbito de Dios, los hombres debemos obedecer a Dios y no a César. (Hechos 5:29). La epidemia del COVID (enfermedad respiratoria causada por el virus SARS-CoV-2) nos ha permitido reconsiderar este asunto del gobierno civil, por cuanto algunos Estados magnificaron la crisis. Algunos gobernantes intentaron manipular a las iglesias alegando problemas de salud en la comunidad y prohibiendo las reuniones de alabanza. Anthony Forsyth ha considerado bíblicamente las cuestiones de la autoridad divina y gubernamental, y ha escrito una visión muy clara y útil sobre este tema. Sé que este libro será un gran estímulo, tanto para pastores como para laicos en nuestro intento por responder con rectitud a tantas situaciones inesperadas".

JOHN MACARTHUR, *Pastor, Grace Community Church*
Sun Valley, *California*

"Esta breve obra fue de gran ayuda personal para mi vida. También aprecio que haya sido escrita con el corazón de un pastor".

PAUL WASHER, *Fundador y Director de Misiones,*
HeartCry Missionary Society

"*El prudente análisis que Forsyth hace de las Escrituras muestra esta verdad: Todo el poder es de Cristo, toda la autoridad es solo Suya, así como la autoridad legítima que Él delega al estado; por lo tanto, la autoridad de Dios debe proteger a la Iglesia y al cristiano para ejercer su fe... Los políticos chocarán, los tiranos simpáticos irán y vendrán, pero la verdad nunca cambiará. Este libro enseñará al lector a mantenerse aún más firme en la verdad de que Cristo, y no César, es la cabeza de la Iglesia*".

JENNA ELLIS, *Abogado de John MacArthur,*
Grace Community Church

"*Todos los cristianos quieren saber cuál es la voluntad de Dios para su vida. ¡Dios quiere que obedezcamos sus mandamientos! Eso es lo que dice en Romanos 13; que nos sometamos a la autoridad. Pero hoy en día no sabemos cómo es ese sometimiento. El libro de Forsyth sobre César y la autoridad de Dios nos provee la base bíblica para caminar seguros en estos días de gran confusión*".

CHRIS LEDUCK, *Pastor de la iglesia Cannon Beach*

Estoy escribiendo este libro hacia el final del año 2021. El mundo ha sido dramáticamente impactado por la epidemia de COVID-19 y, más aún, por las diversas respuestas a la misma. En muchos países los gobiernos impusieron restricciones a la sociedad en general que también se extendieron a las iglesias. A las iglesias, en varios lugares y en varias ocasiones, se les dijo que se reunieran al aire libre, que usaran máscaras tapabocas, que se distanciaran socialmente, que se abstuvieran de cantar e incluso, que cancelaran los servicios grupales. "Inicialmente, nos dijeron que esto era una medida temporal… quince días para aplanar la curva…", y que esto era necesario únicamente para disminuir la carga en los servicios médicos". Más de un año y medio después, muchos de nosotros seguimos viviendo bajo las mismas restricciones.

La respuesta de las iglesias y sus líderes ha sido increíblemente variada. Algunas cerraron y todavía no han reabierto más que a través de la transmisión virtual, mientras que, en el otro extremo, algunos han rechazado los mandatos del gobierno y se han reunido normalmente. No hay duda de que hay una iglesia en algún lugar del mundo que encaje en todas las posiciones posibles entre esos dos extremos. En resumen, hay iglesias que han hecho todo lo que César ordenó y hay otras que han rechazado sus mandatos, a menudo con graves repercusiones. Ahora incluso tenemos iglesias que han prohibido ingresar a los que no están vacunados.

Una cosa ha estado clara desde el principio: la mayoría de las iglesias y la mayoría de los cristianos no tenían una teología bien pensada y previamente establecida sobre estos asuntos. Eso no es sorprendente porque la mayoría de las personas en los países de "marca heredada" no han sufrido el ataque de gobiernos dictatoriales que les impongan restricciones a los servicios religiosos. En tiempos pasados, el conflicto entre la iglesia y el estado llevó a que los líderes de la iglesia tuvieran una sólida posición bíblica durante la Segunda Guerra Mundial, pero la iglesia cristiana evangélica no ha unificado todavía su posición ante el gobierno civil.

En este pequeño volumen quiero presentar una comprensión bíblica del gobierno civil, su papel delegado por Dios, y definir específicamente la manera como el gobierno civil actúa e impacta la Iglesia. Estoy escribiendo como un cristiano creyente de la Biblia a otros cristianos creyentes de la Biblia. Presumo que la Biblia es infalible (sin error), autoritativa (debemos obedecer lo que dice), y suficiente (contiene todo lo que se necesita para vivir vidas piadosas), y que el lector quiere también ser instruido por ella en estos tiempos confusos. En resumen, queremos saber lo que la Biblia dice con respecto a nuestras relaciones con César (el gobierno humano) porque amamos a Dios, amamos Su Palabra y queremos obedecerle, "cueste lo que cueste".

Este no es un libro sobre COVID-19 porque no soy médico. Éste no es un libro sobre la Constitución de EE.UU. porque no soy abogado. Este libro es simplemente para el pueblo de Dios en todas partes. Es el intento de un humilde pastor por articular claramente la enseñanza de la Biblia sobre la autoridad del gobierno civil y, específicamente, sobre la manera como impacta a la iglesia. No he intentado ser exhaustivo. He optado por la brevedad y la accesibilidad. Quiero hacer la enseñanza de la Biblia comprensible para el lector sencillo. Así tomará decisiones que puedan ser construidas sobre bases bíblicas.

Confío en que, en las manos de Dios, este libro pueda hacer precisamente eso.

AGRADECIMIENTOS Y RECONOCIMIENTOS

Mi pensamiento sobre la autoridad y el gobierno civil se ha desarrollado significativamente en los últimos años. No pretendo que la visión que tengo se parezca a la que tenía hace dos años. Para ser honesto, no había trabajado estos asuntos con una profundidad significativa hasta que me vi obligado a hacerlo. Estoy agradecido por los que me retaron a pensar en estos asuntos, especialmente a Andrew Smith, Bud Ahlheim, Her- ald Gandi, Kofi Adu-Boahen, Matthew Trewhella, Mike Riccardi, Rochadd Hendrix, Tim Moen y Chris Le Duc.

Siempre estaré agradecido con John MacArthur por la postura que tomó y la valentía con la que se mantuvo, cubriendo a las pequeñas iglesias locales como la nuestra, las cuales también estaban buscando ser fieles frente el ataque del gobierno. A aquellos en California que ahora están disfrutando el reunirse bajo techo, sin ninguna amenaza, gracias por sus acciones y las de otros valientes líderes. También quiero reconocer el leal camino abierto por hombres como James Coates y Tim Stephens, quienes obedecieron a Dios en vez de obedecer al hombre, incluso hasta el punto de ser encarcelados.

Muchas personas han puesto su atención en este trabajo durante su desarrollo y han proporcionado correcciones y retroalimentación útil – gramática, práctica y teológica. Gracias a Bud Ahlheim, Chris Le Duc, Cory Marsh, David K Martin, Jenny Forsyth, Kofi Adu-Boahen, Obadiah MacAdoo, Rick Kress, Rochadd Hendrix, Sara Moen, y Tim Moen. Todos los errores y equivocaciones son, por supuesto, míos.

Pero más que a todos, quiero agradecer a mi esposa Jenny, sin quien este libro no estaría acá. Ella no solamente me alentó y ayudó a hacer esto, sino que también estuvo a mi lado fielmente por 25 años en buenos y malos tiempos, sosteniéndome en pie cuando era demasiado débil para mantenerme solo.

Es a ella y a su fiel amor a quien dedico este libro.

"Las cosas de Dios no están sujetas a la autoridad del emperador".

AMBROSIO, *Carta 20*, 385 A.D.

"Porque la tiranía es abuso del poder confiado por Dios al hombre".

JOHN DE SALISBURY, *El libro del gobernante*, Siglo 12.

"La ley humana, cuando no está de acuerdo con la ley divina, es injusta".

MARTÍN LUTERO

"Aunque los partidarios del poder arbitrario censurarán a ese predicador que defiende con valentía las libertades del pueblo, admirarán también a aquel cuyo discurso es totalmente opuesto, enseñando que los magistrados tienen un derecho divino para hacer el mal, y deben ser obedecidos implícitamente; hombres que profesan el cristianismo, como si la religión del bendito Jesús los llevara a bajar la cabeza ante cualquier tirano".

WILLIAM GORDON, *Sermón*, 1794

"La mayor protección que podemos tomar contra la doctrina destructiva de la soberanía absoluta del Estado es la doctrina de la soberanía de Dios. Solo Dios es soberano en todas las esferas de la vida y ha decretado los límites de las jurisdicciones estatales y eclesiásticas. Dios es soberano sobre la conciencia individual, no el Estado. El Estado es el siervo de Dios y no el amo de los hombres".

MARCELLUS KIK, *La Iglesia y el Estado*, 1963

Introducción

"Sométase toda persona a las autoridades que gobiernan. Porque no hay autoridad sino de Dios, y las que existen, por Dios son constituidas. Por tanto, el que resiste a la autoridad, a lo ordenado por Dios se ha opuesto; y los que se han opuesto, recibirán condenación sobre sí mismos. Porque los gobernantes no son motivo de temor para los de buena conducta, sino para el que hace el mal. ¿Deseas, pues, no temer a la autoridad? Haz lo bueno y tendrás elogios de ella, pues es para ti un ministrode Dios para bien. Pero si haces lo malo, teme. Porque no en vano lleva la espada, pues es ministro de Dios, un vengador que castiga al que practica lo malo". ROMANOS 13:1-4

La Manzana de la Discordia

Todos tenemos la misma Biblia, aunque en diferentes traducciones. Sin embargo, en los últimos años las iglesias han hecho ciertas interpretaciones bíblicas a las restricciones que les han sido impuestas por los gobiernos y las respuestas han sido sorprendentemente distintas.

Algunas iglesias han respondido a las imposiciones del César con un rotundo "No" ante amenazas, multas e incluso por encarcelamientos. Otros han respondido a la orden de César preguntándose "¿qué tanto podemos aceptar?". Ambos, sin duda, se considerarían bíblicos en sus decisiones, buscando ser obedientes a Dios. Si somos honestos, probablemente podríamos encontrar una iglesia en cada posición entre estos dos extremos.

Una Interpretación

La gran ironía consiste en que la posición teológica estándar de la mayoría de las iglesias creyentes en la Biblia es la misma, a pesar de que el trabajo práctico ha sido muy diferente.

Una tendencia contemporánea, peligrosa para la correcta interpretación y posterior aplicación de la Escritura, es que muchos cristianos citan algunos versículos de la Biblia en forma aislada. Un versículo se encuentra citado en una tarjeta, en una taza, o en una publicación de las redes sociales. De esta manera, cuando Romanos 13:1 dice, "Sométase toda persona a las autoridades que gobiernan", esto es un ataque para la mayoría de los cristianos. Se nos manda que nos sometamos al gobierno, así que debemos hacerlo. ¿Siempre? – La única excepción sería si los mandatos del gobierno fueran pecaminosos, es decir, si la obediencia al César causara que fuéramos desobedientes a Dios. La primera Carta de Pedro 2:13-14 y Tito 3:1 parecen decir lo mismo. Podríamos resumir esa interpretación diciendo "Obedezcamos a César apartándonos del pecado". Aunque esta es solo la opinión de una observación limitada, sospecho que la gran mayoría de los cristianos creyentes en la Biblia sostenían este punto de vista antes del COVID. Incluso ahora, muchos todavía lo hacen. Resulta curioso ver que las decisiones posteriores han variado enormemente. Sugiero que hay dos razones principales para ello.

Dos Definiciones Diferentes

Las dos razones principales se reducen a la manera como estamos definiendo los términos. En primer lugar, mientras hay un acuerdo en la interpretación "Obedecer al César apartándonos del pecado", hay desacuerdo sobre" quién es el César".

En Estados Unidos, por ejemplo, se observa que la máxima autoridad del gobierno civil es la Constitución. Este documento es "César" para los estadounidenses, aunque no es una persona. Todos los líderes del gobierno, desde la policía hasta el presidente, están sujetos a este documento (La Constitución) y deben hacer un juramento para defenderlo. Si alguien hace una regla, emite un mandato, o firma una orden ejecutiva que esté en contradicción con la Constitución, entonces se argumenta que esa regla no es legalmente válida. Pero incluso si ese fuera el caso (la interpretación de la Constitución es muy diferente en cada Estado), se rechaza esa regla inmediatamente o se espera el estudio de los tribunales hasta que finalmente la Corte Suprema dictamine. Este principio ha sido la base para que las iglesias rechacen los mandatos dictados por las autoridades civiles, desde los gobernantes hasta el presidente.

Si bien la Constitución de los EE.UU. es única en su singularidad, algunos otros países de marcas heredadas* (países de gran cultura y larga tradición) tienen cartas similares. Por lo tanto, esta aplicación estadounidense tiene el efecto de dejar de lado las situaciones de otras naciones. Si bien puede haber acuerdo en que hay que someterse al César, eso no nos da pleno acuerdo sobre a quién exactamente debemos someternos. ¿Nos sometemos a todos los agentes de la ley? ¿Al gobernador? ¿Al alcalde de la ciudad? ¿A las autoridades sanitarias locales? ¿A los CDC (Centros de Control de las Enfermedades) o a la OMS (Organización Mundial de la Salud)? ¿O simplemente a la Constitución? ¿Qué hace el cristiano si algunas de estas autoridades no están de acuerdo entre sí? ¿Quién decide si una determinada interpretación de la ley es correcta? Estas complicaciones no hacen sino aumentar la confusión cuando consideramos las diversas formas de gobierno de las distintas naciones.

En segundo lugar, aunque uno esté de acuerdo en someterse (a quién o a qué debemos someternos), existe una excepción universalmente aceptada: los cristianos no nos sometemos a las leyes del gobierno que nos hacen pecar. El problema aquí es que, así como no hay acuerdo sobre "a quién someterse", tampoco lo hay sobre "qué leyes son pecaminosas" (la eutanasia y el aborto, por ejemplo).

¿Recurrir al internet y otros medios electrónicos para los servicios religiosos es rechazar el mandato de Hebreos 10:24-25, o, es el Zoom una forma legítima de reunión? Y así, a pesar de una opinión mayoritaria sobre lo que realmente significa el texto, existe una gran disparidad sobre cómo debería ser su aplicación en nuestra situación actual. Está claro que necesitamos urgentemente más claridad sobre lo que la Biblia enseña acerca de la autoridad civil, en general y en particular. Algunos se someten al gobierno humano erróneamente, creyendo que están sometiéndose a Dios y viceversa. Este asunto debe resolverse con base en los principios bíblicos.

OTRA INTERPRETACIÓN

Déjenme decirlo claramente desde el principio: Creo que esa interpretación de Romanos 13, aunque sea mayoritaria, es incorrecta, sin importar cómo definamos "César" o "pecado".

Nuestra tendencia a tomar unos versículos aisladamente nos lleva comúnmente a interpretaciones muy simplistas e inexactas. Si somos creyentes maduros, con la Palabra grabada en nuestros corazones (Col. 3:16), debemos ir más allá de una comprensión superficial de las Escrituras. Tal superficialidad conduce comúnmente a una comprensión incorrecta del propósito de la autoridad de Dios.

Con frecuencia los cristianos han respondido a cualquier debate sobre este tema sin tener en cuenta lo que dice «¡Romanos 13!» Generalmente dicen que no hay necesidad de discutir más porque ¡Las Escrituras han hablado!

En consecuencia, es necesario que entremos en un estudio detallado de Romanos 13, particularmente en sus conexiones con Romanos 12, si queremos entender el propósito de Pablo y de Dios.

Pero antes de hacer esto debemos observar el contexto de las Escrituras como un todo. ¿Qué dice la Biblia acerca de la autoridad en forma general? ¿A quién otorga Dios autoridad y qué implica esto en la práctica? Las respuestas a estas preguntas nos proporcionarán una base amplia para considerar correctamente el texto de Romanos 13.

«En primer lugar, la Sagrada Escritura nos enseña que Dios reina por su propia autoridad y los reyes por delegación de esa autoridad. Dios tiene una jurisdicción propia; los reyes son sus delegados. Se comprende entonces que la jurisdicción de Dios no tiene límites y la de los reyes está limitada; que el poder de Dios es infinito pero el de los reyes está confinado; que el reino de Dios se extiende a todos los lugares y el de los reyes está restringido dentro de los confines de ciertos países».

JUNIUS BRUTOS, *Vindiciae Contra Tyrannos:*
A Defense Of Liberty Against Tyrants, 1579

«La esfera de autoridad de la iglesia es distinta a la de gobierno civil... Lo que hay que estudiar ahora es si su esfera está coordinada con la del estado. La Iglesia no está subordinada al Estado, ni el Estado está subordinado a la Iglesia. Ambos están subordinados a Dios ...cuando el gobierno civil traspasa los límites de su autoridad, corresponde a la iglesia exponer y condenar tal violación de su autoridad».

JOHN MURRAY, *Colección de Escritos,* 1950s

«Ninguna autoridad totalitaria, ni Estado autoritario, puede aceptar a aquellos que tienen un poder absoluto con el cual pueden juzgar a ese Estado y sus acciones.»
«Si no hay absolutos para juzgar a la sociedad, entonces la sociedad se convierte en un absoluto».

FRANCIS SCHAEFFER, ¿Cómo debemos vivir?, 1976

«Dios ha diseñado tres esferas sociales: la familia, la Iglesia y el Estado. El Estado está restringido y no ha de ser un leviatán expansivo que meta sus tentáculos en todos los compartimentos donde el ciudadano se lo permita. Si se comprende la soberanía de Dios, se ve que el Estado tiene tareas delegadas y sirve según su plan; por eso debe estructurarse en este sentido. Por lo tanto, el Estado nunca debe verse a sí mismo como soberano, no sea que caiga en la idolatría. El Estado no es libre de redactar sus propios estatutos sino que debe doblar la rodilla ante el verdadero Soberano, Creador del Estado».

DAVID W. HALL, *Savior or Servant?*
Pongamos al gobierno en su lugar, 2020

Parte Uno

Fundamentos y Principios Bíblicos

"En el principio Dios creó los cielos y la tierra". GÉNESIS 1:1

"Acercándose Jesús, les dijo: «Toda autoridad me ha sido dada en el cielo y en la tierra. Vayan, pues, y hagan discípulos de todas las naciones, bautizándolos en el nombre del Padre y del Hijo y del Espíritu Santo, enseñándoles a guardar todo lo que les he mandado; y ¡recuerden! Yo estoy con ustedes todos los días, hasta el fin del mundo»". MATEO 28:18-20

"Todo lo has sujetado bajo sus pies». Porque al sujetarlo todo a él, no dejó nada que no le sea sujeto. Pero ahora no vemos aún todas las cosas sujetas a él". HEBREOS 2:8

"Porque en Él fueron creadas todas las cosas, tanto en los cielos como en la tierra, visibles e invisibles; ya sean tronos o dominios o poderes o autoridades; todo ha sido creado por medio de Él y para Él". COLOSENSES 1:16

1

Toda Autoridad Viene de Dios

El hecho de que toda autoridad provenga de Dios es el principio básico del cristianismo. Este principio no necesita ser discutido por los cristianos. Dios, en Cristo, no solamente creó todo, tanto en los cielos como en la tierra, (Juan 1:3) sino que todo fue creado para Él (Colosenses 1:16). Él creó todo. Todo le pertenece. Él está a cargo de todo. Punto final. Toda la Autoridad es de Dios.

A Cristo se le ha otorgado toda la autoridad (Mateo 28:18) y así, Él puede enviar discípulos formados en obediencia. Aunque no lo parezca, todavía vemos algunos líderes que están fuera del orden de Dios (hebreos 2:8). Él está sentado a la derecha del Padre, incluso si no está en el trono de David en la tierra. En este mundo corrupto y caído, lleno de pecado y decadencia, Él está a cargo de todo, Él es soberano, Él tiene toda la autoridad.

Aunque podríamos traer a colación incontables pasajes para argumentar a favor de este punto, por razones de brevedad, y porque no debería haber ninguna disputa a este respecto, nos remitiremos solamente a un libro del Antiguo Testamento y otro del Nuevo Testamento.

En El Libro De Daniel

En Daniel 2, cuando Dios le ha revelado el sueño de Nabucodonosor y su significado, Daniel agradece a Dios porque "la sabiduría y el poder le pertenecen a Él. Y Él cambia las épocas y las estaciones; Él destituye reyes y establece reyes" (Daniel 2:20b-21). Daniel reconoció la autoridad de Dios, la suprema autoridad sobre reyes y gobernantes, incluso sobre el tiempo y las estaciones climáticas.

Más adelante, en el capítulo 4, después de que Nabucodonosor tiene otro sueño, Daniel lo interpreta diciendo: … "esta es la interpretación, oh rey, y este es el decreto del Altísimo que ha venido sobre mi señor el rey: Será usted echado de entre los hombres, y su morada estará con las bestias del campo, y le darán hierba para comer como al ganado, y será empapado con el rocío del cielo. Y siete años pasarán sobre usted, hasta que reconozca que el Altísimo domina sobre el reino de los hombres y que lo da a quien le place" (Daniel 4:24-25).

Daniel dice que el rey terrenal más poderoso no ha visto nunca al rey de los cielos, "Al más Alto", al que le dará una lección de humildad y lo convertirá en algo parecido a una bestia hasta que aprenda quién es el rey más poderoso que reina sobre la humanidad, que toda la autoridad es suya y que Él elige a quién quiere.

Después de que esta profecía ha sido cumplida, Nabucodonosor entra en razón y acepta "Porque Su dominio es un dominio eterno, y Su reino permanece de generación en generación. Todos los habitantes de la tierra son considerados como nada, mas Él actúa conforme a Su voluntad en el ejército del cielo y entre los habitantes de la tierra. Nadie puede detener Su mano, ni decirle: «¿Qué has hecho?»" (Daniel 4:34b-35).

El rey terrenal más poderoso se sintió ahora humilde porque había aceptado la autoridad del "más Alto". ¡Había entendido que de Él procede toda la autoridad y hace como le place! Él es un rey eterno, soberano en todo lo visible e invisible y nadie tiene el derecho de cuestionar su autoridad.

En El Evangelio De Marcos

Habiendo establecido desde el antiguo testamento que Yahvé, el Dios de Israel, tiene toda la autoridad, vemos que lo mismo se dice en el Nuevo Testamento acerca de Cristo. Esta es una de las muchas maneras en

---

1 Véase «Putting Jesus in His Place: The Case for the Deity of Christ» por Rob Bowman y Ed Komoszewski (Kregel, 2007) para el acrónimo HANDS. Jesús tiene el Honor, los Atributos, los Nombres, ejecuta los mismos Hechos y se sienta en el mismo Asiento (autoridad) que el Padre. Cada uno es evidencia de Su deidad.

que el Nuevo Testamento nos comunica la divinidad de Cristo. [1]

En Marcos 1, Jesús enseña con autoridad (v. 22), y sus obras muestran también su autoridad (v. 27). Después, cuando calma la tormenta, los discípulos reaccionan preguntándose con asombro y miedo, "«¿Quién, pues, es Este que aún el viento y el mar le obedecen?»" (Marcos 4:41).

En el Antiguo Testamento, solamente Yahveh tenía poder sobre los elementos climáticos. Acá se muestra a Jesús como Dios, pues no solo tiene autoridad sobre el reino diabólico sino también sobre el viento y las olas.

Este mismo tema de la autoridad del Señor Jesús se ve a lo largo del evangelio de Marcos: desde los numerosos y evidentes milagros hasta la orden de tomar un potrillo el día de la Pascua "porque el Señor lo necesita" (Marcos 11:3) y la maldición de la higuera (Marcos 11:12-14).

Cristo El Supremo

La autoridad de Dios puede ser vista tanto en el Antiguo como en el Nuevo Testamento. En el Antiguo Testamento Yahvé es declarado como el creador y soberano de todo; en el nuevo testamento, el Señor Jesucristo es igualmente declarado el creador y soberano de todo. Cristo es Supremo, Creador, Soporte y Soberano.

En Filipenses 2, Pablo nos recuerda que aquello que fue dicho por Yahvé en Isaías 45 va a ser cumplido en Cristo; "…ese día todos se inclinarán y toda lengua lo confesará a Él como Soberano y Dios en los cielos, la tierra, y debajo de ella para la gloria de Dios Padre". Toda la autoridad es suya y un día todos veremos eso, lo aceptaremos y responderemos solamente ante Él.

Estos breves ejemplos en Daniel, Marcos y Filipenses serán suficientes por ahora mientras nos movemos a otro principio fundamental. Lo que sigue está construido a partir del principio fundamental de que, "… toda la autoridad es de Dios. Toda ella. Hasta el último asomo. Si hay alguna autoridad en toda la creación, en última instancia es la Suya".

"Después Jesús subió al monte, llamó a los que Él quiso, y ellos vinieron a Él. Designó a doce, para que estuvieran con Él y para enviarlos a predicar, y para que tuvieran autoridad de expulsar demonios".
MARCOS 3:13-15

2

Dios Delega Su Autoridad Como Quiere, Pero Sigue Siendo Suya

Nuestro segundo principio fundacional consiste en que Dios, quien tiene toda la autoridad, puede y delega esa misma autoridad a otros; pero cuando lo hace, esa autoridad sigue siendo suya. Él no la entrega. No cambia la propiedad. No se despoja a sí mismo de la autoridad. Todavía le pertenece, aunque a alguien le haya delegado una porción en su nombre.

Un ejemplo claro de esto se muestra cuando Jesús envía a sus discípulos a predicar. Él escoge a quienes quiere y ellos le obedecen (Marcos 3:13). Una vez escogidos, los envía con Su autoridad a expulsar demonios (Marcos 6:7). Ellos no tenían permiso ni les era posible expulsar demonios antes de que el Señor Jesús les delegara Su autoridad.

A ellos se les dio tanto el permiso por medio de Aquel que tiene todo el poder y la autoridad (Judas 25). Ellos tenían una misión, no por autoridad propia sino porque les fue delegada por Aquel que lo tiene todo.

Otro ejemplo de delegación de la autoridad de Dios nos llega desde Isaías 10, donde utiliza a Asiria para castigar el pecado y la idolatría de Israel. Él describe a Asiria como "vara de Mi ira y báculo en cuyas manos está Mi indignación" (Isaías 10:5) En otras palabras, Dios, quien tiene la autoridad para castigar a Israel, decide hacerlo delegando su autoridad... ¡incluso a través de una nación gentil y no creyente! De hecho, muchas veces en el Antiguo Testamento, Dios utiliza naciones extranjeras para enjuiciar y castigar a Israel. Nabucodonosor, mucho antes de su humillación y reconocimiento de la autoridad de Dios, es llamado siervo de Dios, recibiendo autoridad para invadir y destruir Jerusalén (Jeremías 25:9).

En las Escrituras, la delegación de la autoridad de Dios empieza desde Génesis 1:28 donde le entrega a Adán el dominio sobre la tierra. Pero la tierra sigue siendo de Dios. Él la hizo, Él tiene toda la autoridad sobre ella. Dios delega su autoridad al primer hombre y éste obtiene el dominio sobre la tierra, no reemplazando a Dios, sino en su nombre.

La Autoridad Delegada Sigue Siendo De Él

Una analogía simple para este tipo de delegación es la que sucede al rentar un automóvil. Cuando alquilas un automóvil, lo conduces, pero si tienes un accidente eres responsable por él. Tu responsabilidad consiste en devolver el automóvil como lo recibiste. Se trata de una autoridad delegada. Somos responsables por el correcto uso de una autoridad delegada.

Antes de pasar al siguiente principio, consideremos las implicaciones de esta verdad para nuestra vida. Soy esposo y padre, y Dios me ha delegado la autoridad en mi hogar. Soy un pastor y Dios me ha delegado la autoridad para conducir la iglesia. Pero estas son autoridades delegadas, no son mías. Estoy ejerciendo la autoridad de Dios como Su siervo, y soy responsable por ello. Tal autoridad delegada no debe llevar a la arrogancia, prepotencia, o a la tiranía, sino que debe llevarnos al temor y la humildad. Esto debió ser cierto para Judas, Asiria y Nabucodonosor. Debe ser cierto también para los líderes seculares y para los creyentes.

"Pero cuando llegó a ser fuerte, su corazón se hizo tan orgulloso que obró corruptamente, y fue infiel al Señor su Dios, pues entró al templo del Señor para quemar incienso sobre el altar del incienso. Entonces el sacerdote Azarías entró tras él, y con él ochenta sacerdotes del Señor, hombres valientes, y se opusieron al rey Uzías, y le dijeron: «No le corresponde a usted, Uzías, quemar incienso al Señor, sino a los sacerdotes, hijos de Aarón, que son consagrados para quemar incienso. Salga del santuario, porque usted ha sido infiel y no recibirá honra del Señor Dios».

Pero Uzías, con un incensario en su mano para quemar incienso, se llenó de ira; y mientras estaba enojado contra los sacerdotes, la lepra le brotó en la frente, delante de los sacerdotes en la casa del Señor, junto al altar del incienso. Y el sumo sacerdote Azarías y todos los sacerdotes lo miraron, y él tenía lepra en la frente; y lo hicieron salir de allí a toda prisa, y también él mismo se apresuró a salir, porque el Señor lo había herido.

El rey Uzías quedó leproso hasta el día de su muerte, y habitó en una casa separada, ya que era leproso, porque fue excluido de la casa del Señor. Y su hijo Jotam estaba al frente de la casa del rey gobernando al pueblo de la tierra". 2 CRÓNICAS 26:16-21

3

Toda la Autoridad Delegada se Limita a la Persona

Cuando Dios delega la autoridad siempre lo hace limitadamente. Todas las veces, sin excepción. Dios nunca da toda su autoridad sobre los cielos y la tierra a nadie. Por lo tanto, toda autoridad delegada es limitada. Y es limitada en tres maneras diferentes: limitada en la persona, limitada en la esfera social y limitada en el alcance. Cuando Dios delega la autoridad a una o varias personas lo hace para lograr un propósito específico y con parámetros específicos.

Como en la analogía de la renta del automóvil, no puedes dejar que cualquiera lo conduzca. Si estás rentando el auto para conducir en la ciudad, no se te permitirá conducir por los ríos, o practicar la mecánica o cualquier otro propósito. La autoridad para usar un automóvil está limitada a la esfera propia y tiene un propósito limitado y específico. La compañía de alquiler pone un límite de millas por día y otros elementos prácticos como no cruzar fronteras ni conducir en otros países. Así que, incluso cuando se usa el vehículo en la esfera correcta, puede haber muchas limitantes para el uso del automóvil. Y por ser el arrendatario no puedes cambia las limitantes porque no eres el dueño del vehículo.

Vemos lo mismo en Génesis 1. Dios delega al primer hombre la autoridad sobre las cosas creadas. Esa autoridad está limitada a una persona y está limitada en el dominio: es en la tierra y específicamente sobre las cosas de la tierra, no del dominio celestial. Y finalmente, se limita a la persona solo cuando está operando en el dominio delegado. Hay limitaciones en los alcances de esa autoridad. De esta manera, Adán no podía consumir carne de ningún animal desde el primer momento de la Creación (la autoridad para matarlos y comerlos no le es otorgada hasta el pacto con Noé), pero puede comer los frutos de todos los árboles, excepto del árbol del conocimiento del bien y del mal (Génesis 2:17).

En el resto de este capítulo consideraremos las limitaciones de la autoridad en la persona.

Autoridad Limitada a La Persona

Sabemos que la autoridad está inherente limitada a la persona a quien se le delega. Por ejemplo, unos padres con hijos jóvenes tienen autoridad sobre ellos y pueden decirles qué pueden y qué no pueden hacer. Pero supongamos que esos padres van a la casa de alguien y empiezan a decirle a otros niños qué pueden hacer. En ese caso no tienen autoridad para hacer eso porque la autoridad de un padre está limitada a sus propios hijos.

Es por esto que la noción humanista de la autoridad ha comenzado a ver que la responsabilidad de la comunidad es tiránica y nefasta –la autoridad sobre esos niños es solamente de Dios y Él se la ha delegado solamente a los padres (Ef. 6:1). De la misma manera, Dios delega la autoridad del hogar al esposo, pero eso no le da autoridad sobre la mujer en un sentido general. La autoridad está limitada en la persona.

Imagina que estás conduciendo, tal vez demasiado rápido, y escuchas sirenas detrás de ti. Miras en el espejo y ves luces azules parpadeantes. Te estacionas a un lado y esperas la inevitable sanción. ¡Entonces sale del vehículo de policía Greta Thunberg, la activista sueca! Camina hasta tu ventana, te mira a los ojos, te frunce el ceño, y grita, ¿Qué te pasa? En este momento sabes que no te va a dar una sanción. La niña sueca, defensora del medio ambiente, no tiene autoridad para sancionarte.

Este es un ejemplo absurdo, pero muestra el punto claramente: no importa lo famoso que alguien crea que es, no importa cuánta razón pueda tener, o cuan seguro esté de la falta; en eso no consiste la autoridad. Ni Greta, ni otro conductor molesto puede seguirte hasta tu casa y sancionarte porque no tienen la autoridad.

Así que, si a una persona no se le ha delegado la autoridad no puede ejercerla. Y la única persona que puede delegar la autoridad es Dios. ¿Por qué? Porque toda la autoridad es de Él.

EL REY QUE TAMBIÉN QUERÍA SER SACERDOTE

Un ejemplo bíblico de la limitación de la autoridad en la persona está en 2 Crónicas 26:16-21. El rey Uzías de Judea creció en poder y esto lo llevó al orgullo (v. 16). Y en su orgullo intentó tomar otro poder que no le había sido delegado. Ésta es una manera común para aprender sobre la autoridad en la Biblia, cuando aquellos que no la tienen intentan tomarla.

El rey Uzías entra a un templo a quemar incienso (v. 16). Se trata de una labor que Dios había delegado a los sacerdotes. Los sacerdotes pertenecían a la tribu de Leví mientras que los reyes pertenecían a la tribu de Judá. A cada tribu se le delegaban diferentes roles. El sumo sacerdote conocía la gravedad de la extralimitación de Uzías y lo persigue con 80 sacerdotes, hombres valientes y presumiblemente fuertes en su físico (v. 17). Estos se enfrentaron al rey diciéndole: "«No le corresponde a usted, Uzías, quemar incienso al Señor, sino a los sacerdotes, hijos de Aarón, que son consagrados para quemar incienso. Salga del santuario, porque usted ha sido infiel y no recibirá honra del Señor Dios»" (v. 18).

Los sacerdotes asumieron un gran riesgo al enfrentarse al rey. A ellos, no al rey, se les había delegado la autoridad del culto. Pero en su orgullo, el rey había decidido que esa autoridad estaba bajo su mandato. La valentía de los sacerdotes demostró que ellos temían a Dios, quien les delegó la autoridad y hacia quien debían justificarse, más de lo que temían al hombre, incluso si ese hombre era el rey. En este ejemplo bíblico la obediencia a Dios exigió la rebeldía hacia el rey.

Uzías, quien tenía el incensario en sus manos, reaccionó con ira hacia los sacerdotes, pero Dios intervino inmediatamente para castigar a Uzías con lepra (v. 19). Su lepra significaba que aquel que buscara arrebatar la autoridad en la casa del Señor no podría volver a entrar a ella. Uzías sufrió de lepra hasta su muerte. (vv. 20-21). Él no obedeció la orden de los sacerdotes que le dijeron: "Salga del Santuario" entonces Dios lo sacó para siempre. La autoridad del sacerdocio le fue otorgada a los hijos de Aarón, de la tribu de Leví, no al rey. Las Escrituras son claras en este asunto: La autoridad es limitada a la persona.

"*Entonces el rey se levantó al amanecer, al rayar el alba, y fue a toda prisa al foso de los leones. Y acercándose al foso, gritó a Daniel con voz angustiada. El rey habló a Daniel y le dijo: «Daniel, siervo del Dios viviente, tu Dios, a quien sirves con perseverancia, ¿te ha podido librar de los leones?».*

Entonces Daniel respondió al rey: «Oh rey, viva para siempre. Mi Dios envió Su ángel, que cerró la boca de los leones, y no me han hecho daño alguno porque fui hallado inocente ante Él. Y tampoco ante usted, oh rey, he cometido crimen alguno»". DANIEL 6:19-22

4

Toda Autoridad Delegada es Limitada por el Dominio o Esfera Social

Otra manera de interpretar el ejemplo de Uzías es que, mientras desde nuestra perspectiva Uzías era la persona equivocada, desde otra perspectiva estaba intentando ejercer su autoridad en una esfera o dominio incorrecto. Ciertamente el rey tenía mucha autoridad, pero esta autoridad no se extendía hasta el dominio del sacerdocio. No importaba si al rey le gustaba o no; como rey no podía simplemente tomar esa autoridad. ¿Por qué? Porque toda autoridad es siempre de Dios, y Él la delega a quien escoge por el tiempo que desee. Dios delega la autoridad a los reyes y sacerdotes. El rey no puede extender su dominio simplemente porque es rey. La autoridad delegada es limitada en el dominio o esfera social.

Nótese cómo el texto de 2 Crónicas señala específicamente que el orgullo fue lo que condujo a Uzías a intentar ejercer autoridad fuera de su dominio. Extralimitar nuestra autoridad es, casi siempre, un problema de orgullo.

Otro ejemplo ilustrativo de la autoridad limitada que se encuentra en la Biblia está en la muy conocida historia de Daniel en el foso de los leones (Daniel 6). El rey, que siente agrado por la personalidad de Daniel, es engañado para emitir un decreto que ordena que ninguna petición se haga sino directamente al rey durante treinta días. El incumplimiento de este edicto era castigado arrojando al infractor al foso de los leones. En el gobierno Medo-Persa, la ley estaba por encima del rey. Aunque él la hiciera, estaba sujeto a ella. Él debía someterse a su propia ley (vv. 1-9).

Al rey se le había otorgado autoridad, pero es Dios quien pone y quita reyes como vimos en Daniel 2. Así que, el rey tiene la autoridad para crear leyes, pero su autoridad no se extiende a quién uno hace peticiones y oraciones.

En consecuencia, Daniel respondió con valentía a la extralimitación tiránica de esa autoridad que no fue delegada por Dios. En vez de esconderse y rezar silenciosamente, Daniel abrió las ventanas y valientemente rezó para que todos lo vieran (v. 10). No sólo incumplió con la orden del rey, sino que valientemente mostró que no se sometería a ella.

UN CASTIGO INJUSTO

Aunque al rey no se le había delegado la autoridad para emitir tal decreto, lo cumplió de todas maneras. Pero en vez de atacar la extralimitación con lepra, Dios permitió que Daniel fuera lanzado al foso de los leones. Más adelante abordaremos el tema del pragmatismo en esta reflexión, pero notemos que, aunque un rey no tenga la autoridad para hacer algo, puede tener la fuerza y el poder para hacerlo. Algunas veces Dios interviene, otras no.

La intervención de Dios fue inmediata en el caso de Uzías; en cambio en el caso de Daniel, Dios interviene después de que fuera lanzado al foso. Hay casos donde Dios no hace manifestaciones especiales como cuando los pastores canadienses fueron encarcelados por mantener abierta la iglesia y rechazar la extralimitación del gobierno civil, o el caso de la multitud de mártires que han dado su vida por la fe.

El final de Daniel es bien conocido. El rey se arrepiente de su sentencia y está encantado de escuchar que Daniel ha sido rescatado de los leones. Lo que es comúnmente dejado de lado es que la razón para la intervención divina es la inocencia de Daniel frente a Dios y frente al rey (v. 22). El significado de este pasaje no debe perderse: aunque Daniel rompió el decreto del rey, no hizo nada malo, ni a los ojos de Dios ni a los del rey. ¿Por qué? Porque el rey no tenía la autoridad para crear esa ley. Al decir esto, Daniel estaba buscando el beneficio para el rey, hablando la verdad y caminando en el amor.

Si una persona a la que Dios ha delegado autoridad se extiende a otro dominio más allá de la autoridad que le ha sido delegada, pierde la autoridad. No importa si para él es una expansión lógica, justificada, o que ya ha sido reclamada. Por lo tanto, la autoridad delegada por Dios está limitada no solo en la persona sino también al dominio.

"A la mañana siguiente, David escribió una carta a Joab, y la envió por mano de Urías. En la carta había escrito: «Pongan a Urías al frente de la batalla más reñida y retírense de él, para que sea herido y muera». Así que cuando Joab asediaba la ciudad, puso a Urías en el lugar donde sabía que había hombres valientes. Y los hombres de la ciudad salieron y pelearon contra Joab, y algunos de los siervos de David cayeron, y murió también Urías el hitita". 2 SAMUEL 11:14-17

5

TODA AUTORIDAD ES LIMITADA EN SU ALCANCE

Así como la extralimitación de Uzías puede ser interpretada en la persona o en el dominio (dependiendo de la perspectiva), así la extralimitación del rey puede ser interpretada en el dominio o alcance. Hay ciertamente una gran cantidad de opiniones encontradas en estas categorías. La respuesta, en general, se mantiene verdadera. Aunque toda autoridad delegada es limitada, todas las limitaciones son limitaciones de alcance.

Previamente habíamos visto que Dios delegó autoridad a Asiria en Isaías 10. Los asirios eran sirvientes de Dios y agentes de su ira en contra de Israel (v. 5). Aun así, unos versos después Dios dice: "Y sucederá que cuando el Señor haya terminado toda Su obra en el monte Sión y en Jerusalén, *dirá*: «Castigaré el fruto del corazón orgulloso del rey de Asiria y la ostentación de su arrogancia»".

Asiria tenía la autoridad para juzgar a Israel como siervo de Dios, pero en su corazón el rey actuó fuera de los límites de la autoridad que le había sido delegada. Su deber era servir a Dios sin declararse casi como una divinidad. Su arrogancia lo condujo, como a otros reyes que hemos visto, a ir más allá de los límites de la autoridad que le había sido delegada. Era la persona correcta operando en el dominio correcto, pero más allá de lo que se le permitía.

Similarmente, en 2 Samuel 11, en la bien conocida historia de David y Betsabé, David la vio, durmió con ella y la embarazó. Esta infidelidad fue una extralimitación del dominio delegado a David. Betsabé no era su esposa. Él no tenía derecho para estar mirándola, buscándola, y mucho menos durmiendo con ella. Ella estaba fuera de su dominio; ella estaba en el dominio de su esposo Urías.

Los pasos del pecado fueron estos: después David intentó que Urías durmiera con su esposa para que se asumiera que el hijo era suyo. Cuando esto falló, David decidió matarlo. El plan era enviarlo a la guerra y retirar las tropas dejando que Urías muriera (v.15). Joab, al fallar en su intervención en contra de esta injusticia, despachó a Urías ejecutando así la orden de David. Adicionalmente muchos otros hombres murieron como daño colateral en la ejecución del plan del rey David (v. 17).

¿Tenía David autoridad sobre las tropas, las batallas, la guerra, y las órdenes de batalla? ¿Tenía la autoridad para ordenarle a Joab que enviara las tropas al lugar que quisiera? ¡Si! Joab era la persona delegada, y esto era parte del dominio de David. Él podía ordenar a las tropas ir a la batalla o retirarse de ella, avanzar o retirarse. Pero al buscar resolver las implicaciones de su pecado, David excedió el límite de su autoridad. Él era un siervo de Dios, no un tirano; no podía utilizar la autoridad que le había sido delegada para obtener un beneficio personal. Intentó resolver su extralimitación en el hogar de Urías con otra extralimitación en el campo de batalla.

El principio debemos entender que este punto es crucial. Solo porque se le haya delegado autoridad en un dominio particular, una persona tiene libertad para hacer lo que quiera dentro de ese dominio. En particular, cualquier gobernante es un servidor de Dios que opera bajo Su autoridad (incluso los no creyentes como Judas y Nabucodonosor), porque la autoridad no es suya y un gobernante no puede utilizarla para su propio beneficio, gloria o placer. El orgullo y la autoridad siempre se combinan para hacernos errar en las limitaciones que Dios nos pone, y así movernos al dominio de la tiranía.

Conclusión Sobre los Principios Fundamentales

Aunque nuestro estudio ha sido breve, es claro que toda la autoridad es de Dios cuando nos basamos en las Escrituras. No le pertenece inherentemente a nadie más. Así Dios haya delegado alguna autoridad a otros, siempre la mantiene como suya. Toda la autoridad está limitada a la persona, el dominio y la extensión.

Entonces, cuando examinamos diferentes autoridades humanas, estamos examinando súbditos de Dios, así sean creyentes o no, así estén al tanto de su condición o no lo estén. Su autoridad es delegada por Dios y no tienen más autoridad que aquella que les ha sido delegada. Por lo tanto, deben responder ante Él acerca de la manera como ejecutan esa autoridad en lo que se refiere a cualquier transgresión.

La pregunta clave acerca de la autoridad humana que busca emitir decretos de cualquier tipo no es "¿Es esto beneficioso?" La pregunta clave es más bien, ¿Ha delegado Dios tal autoridad? Si esa autoridad no ha sido delegada por Dios, los humanos no tienen ninguna.

"*Los magistrados (jueces) existen para honrar a Dios y honrar las buenas obras, pero no para asustar al que hace malas obras (Romanos 13). Por lo tanto, cuando los jueces comienzan a ser un terror para los que hacen buenas obras y honran el mal, ya no cumplen la ley de Dios sino la del diablo. Y el que se resiste a tales obras no se resiste a la ley de Dios sino a la del diablo*".

Credo de Magdeburgo, 1550

"*Hay límites prescritos por Dios al poder de los reyes dentro de los cuales deben estar satisfechos: es decir, que deben trabajar por el bien común y gobernar y dirigir a la gente con verdadera justicia y equidad; no ser orgullosos con su propia importancia sino recordar que también son súbditos de Dios*".

JOHN CALVIN, *Sermón acerca de 1 Samuel 8*, Siglo 16

"*La espada civil no puede actuar ni para restringir las almas de la gente en la adoración ni para obligarlos a adorar*".

ROGER WILLIAMS, *The Hireling Ministry None of Christ*, 1652

"*Dios ha ordenado el Estado como una autoridad delegada, no autónoma. El Estado ha de ser un agente de justicia para contener el mal, castigando al malhechor y protegiendo el bien en la sociedad. Cuando hace lo contrario, pierde la verdadera autoridad. Es entonces una autoridad usurpada y como tal, se vuelve ilegal y tirana*".

FRANCIS SCHAEFFER, *Un Manifesto Cristiano*, 1982

Parte Dos

¿Qué se le ha Delegado al César?

"Entonces los fariseos se fueron y deliberaron entre sí cómo atrapar a Jesús en alguna palabra que Él dijera.

Y los fariseos enviaron algunos de sus discípulos junto con los partidarios de Herodes, diciendo: «Maestro, sabemos que eres veraz y que enseñas el camino de Dios con verdad, y no buscas el favor de nadie, porque eres imparcial. Dinos, pues, cuál es Tu opinión: ¿Está permitido pagar impuesto a César, o no?».

Pero Jesús, conociendo su malicia, dijo: «¿Por qué me ponen a prueba, hipócritas? Traigan la moneda que se usa para pagar ese impuesto». Y le trajeron un denario.

Y Él les preguntó: «¿De quién es esta imagen y esta inscripción?». Ellos le dijeron: «De César». Entonces Él les dijo: «Pues den a César lo que es de César, y a Dios lo que es de Dios».

Al oír esto, se maravillaron; lo dejaron y se fueron".
MATEO 22:15-22

6

El César (el gobierno civil) No Decide lo Que le es Propio

Una vez establecidos los principios bíblicos fundamentales sobre la autoridad estamos preparados para examinar el problema específico del César, es decir, del gobierno civil.

Sabemos que toda la autoridad le pertenece a Dios. Así que cualquier autoridad que el César tenga, la tiene porque Dios se la ha delegado. No importa si es creyente o no, si acepta a Dios o no. Todo representante del César, de mayor o menor rango, toda persona en los estamentos del gobierno humano que tiene autoridad es un servidor de Dios porque su autoridad ha sido delegada por Él y para Él.

Es claro, según las Escrituras, que Dios le ha delegado autoridad al César. Podemos encontrar los principios del gobierno humano desde el pacto Noético en Génesis 9, aunque no intentamos hacer un rastreo a través de la historia bíblica. Es suficiente decir lo que hemos visto ya en Daniel 2 que Dios es quien nombra y quita reyes; él los engrandece y los humilla, y claramente les entrega algún tipo de dominio.

En Mateo 22:21 tenemos la muy conocida expresión: «... den a César lo que es de César, y a Dios lo que es de Dios»". Esto nos dice que hay cosas que son del César, quien también tiene un dominio. Pero no podemos aislar esta expresión y pensar que el dominio del César es independiente del dominio de Dios porque sabemos que toda autoridad es de Dios. Así, claramente hay un dominio que le ha sido delegado al César y hay cosas que Dios no le ha delegado.

Por consiguiente, la pregunta no es solo como la mayoría de cristianos parecen creer: ¿Lo que me ordena el gobierno, es o no pecaminoso? La pregunta es esta: ¿Qué autoridad le ha delegado Dios al César? Echaremos un vistazo breve a este asunto cuando examinemos Romanos 13; pero por ahora debemos destacar la observación de que el César no tiene autoridad aparte de aquella que le es delegada por Dios.

Para llegar a esta conclusión desde una perspectiva diferente debemos hacer explícitas aquellas cosas que son del César, aunque él no pueda decidir cuáles son esas cosas. Porque toda la autoridad le pertenece a Dios.

Este es un concepto revolucionario para muchos actualmente. Sin embargo, es ineludiblemente bíblico. La razón por la que nos parece tan radical es porque nos hemos acostumbrado a una interpretación estatista del mundo.

EL ESTATISMO —EL GOBIERNO SEGÚN DIOS

Tal como hemos visto, la Biblia nos enseña que toda la autoridad es de Dios, así que toda la que el César posea le es delegada. El gobierno civil debe rendir cuentas a Dios por el ejercicio de esa autoridad delegada. Los límites de esta autoridad son definidos por Dios y no por el César. Pero cuando el César remueve a Dios, ¿Quién decide los límites de la autoridad del César? Por supuesto ¡El César! Y al hacerlo, César está tomando el lugar de Dios, se está haciendo a sí mismo un dios. G.K. Chesterton dijo esta célebre frase: "Elimine a Dios y el gobierno civil (el Estado) se convierte en Dios".[1] Esto es el estatismo.

La humanidad fue creada para ser portadora de la imagen de nuestro Creador. Tenemos una necesidad innata de Dios, estamos diseñados para alabar, y así lo haremos. Pero nuestra naturaleza pecaminosa significa que queremos rechazarlo a Él y a Sus mandamientos. Aun así, nuestros corazones se inclinan naturalmente a algún tipo de alabanza. Por eso, cuando el César remueve a Dios de su puesto, tiende a convertirse en un dios de reemplazo.

El estatismo se ha convertido en la norma de gobierno hoy. Estamos ahora tan inmediatamente acostumbrados al estatismo que la mayoría de

---

1 Christendom in Dublin, G.K. Chesterton, 1932

nosotros, incluyendo a los cristianos, lo aceptamos sin vacilación. Incluso lo encontramos en Estados Unidos, un país que fue específicamente fundado para resistir la intrusión del estatismo.

¿Puede César imponer sus leyes? "Claro que sí puede" ¿Por qué? "¡Porque es el César!" El estatismo es la visión del mundo donde César no es un servidor de Dios, sino que se ha convertido en un dios. Ha tomado, en cierto grado, el rol de Dios en nuestras vidas.

No nos sirve de nada decir que no adoramos al César porque adoramos a Cristo. ¿Acaso no adoraban los israelitas a Yahvé mientras que eran idólatras? Pero el César rara vez desea ser adorado con otros a su lado. El problema no consistía en que los israelitas hubieran abandonado a Yahvé, sino que le hubieran añadido otros dioses en ciertos dominios. Todavía podían practicar el Yom Kippur, pero esto no evitaba que también hicieran una ofrenda a Baal por una mejor cosecha.

El César ha recibido autoridad del único que puede delegarla, Dios. Pero cuando el gobernante rechaza a aquel que le delega su autoridad, crea sus propios límites en reemplazo de Dios. Él es ahora quien delega la autoridad y quien determina su propósito y sus límites. Él es ahora el legislador, el rey, el gobernante, a quien se le debe temer y obedecer. El César se ha declarado Dios.

Déjenme ser muy claro en este punto. Si nosotros, como cristianos aceptamos y acogemos la declaración de divinidad del César, ya sea por su declaración explícita o por su comportamiento práctico, somos idólatras. Debemos pensar en qué es esto diferente a los seguidores de Yahvé que también sacrificaron en nombre de Baal. Esto sucede cuando nosotros, que profesamos nuestra fe en Cristo, también nos inclinamos ante el César. Sin dudas, hay momentos en que podemos ignorar su falsa autoridad sin muchas consecuencias y otros momentos cuando podemos reconciliar algunos mandatos por medio de un contrato social. Pero esto tiene un límite.

Si un presidente, un primer ministro, o un gobernador, decidiera mañana que debemos todos saltar en una pierna, deberíamos responderle entre risas con un firme "No". Sabemos que el César no puede hacer simplemente lo que le plazca, y asumimos (correctamente) que esos desvaríos están fuera de su jurisdicción. Tristemente, algunas personas en nuestra sociedad si lo harían. Aún más triste es que muchos cristianos lo harían también.

Debemos ir de nuevo a Romanos 13 y examinar cuáles son las limitantes de la autoridad que Dios ha delegado. Pero primero, tenemos una parada más que hacer, La iglesia de Cristo.

"*Obedezcan a sus pastores y sujétense a ellos, porque ellos velan por sus almas, como quienes han de dar cuenta. Permítanles que lo hagan con alegría y no quejándose, porque eso no sería provechoso para ustedes*". HEBREOS 13:17

"*Tengan cuidado de sí mismos y de toda la congregación, en medio de la cual el Espíritu Santo les ha hecho obispos para pastorear la iglesia de Dios, la cual Él compró con Su propia sangre. Sé que después de mi partida, vendrán lobos feroces entre ustedes que no perdonarán el rebaño. También de entre ustedes mismos se levantarán algunos hablando cosas perversas para arrastrar a los discípulos tras ellos. Por tanto, estén alerta, recordando que por tres años, de noche y de día, no cesé de amonestar a cada uno con lágrimas*". HECHOS 20:28-31

7

LA IGLESIA NO ESTÁ BAJO EL GOBIERNO DEL CÉSAR

He bromeado a menudo sobre la actitud de aquellos que interpretan Romanos 13 como que "...deberíamos hacer lo que César nos dice, a menos que sea pecaminoso", pues deberían ser consistentes y tomar el mismo punto de vista de Hebreos 13:17. ¡Entonces serían bienvenidos en nuestra iglesia! ¡Presumiblemente harían lo que yo les diga que hagan a menos que sea pecaminoso!

Es curiosa la manera como podemos ver instintivamente las limitaciones de la autoridad delegada, más fácilmente en la iglesia que en el gobierno civil. Tal es el impacto de las lentas pero cada vez mayores incursiones del "estatismo".

Dicho esto, está claro que la autoridad en la iglesia no ha sido delegada directamente al César. Se ha delegado autoridad a los pastores y ancianos, con la ayuda práctica de los diáconos, para supervisar la iglesia (1 Tim. 3, Tito 1, y otros.). Ellos tienen esa autoridad y la enorme responsabilidad que esta conlleva.

La despedida de Pablo a los ancianos de Éfeso, en Hechos 20, es particularmente reveladora. Advierte a los ancianos que otros vendrán y tratarán de hacer daño al rebaño. ¿Quién dice Pablo que tiene el deber de defender y proteger al rebaño? ¿Quién es responsable de las ovejas? ¿Quién tiene autoridad sobre ellas? ¡Los pastores de Cristo! Ellos tienen toda la autoridad y toda la responsabilidad.

El César (el gobierno civil) tiene dominio en la sociedad, pero no aplica a la iglesia. A los reyes y otros gobernantes se les ha dado un dominio en la sociedad civil, pero el dominio de la iglesia fue dado a los pastores y ancianos.

¿Creemos que el gobierno civil se preocupa más por nuestros rebaños? ¿Entiende el gobierno el bienestar espiritual de la congregación? ¿Sabe por qué la Biblia nos dice que no olvidemos reunirnos (Heb. 10:25)? ¿Lucha por el propósito y la función de la iglesia, y sabe cuáles son los decretos que podrían obstaculizar esa obra? ¿Reconoce el gobierno la importancia de la reunión de los santos o nuestra obediencia al Señor Jesucristo (Efesios 4, 11-16)? ¿Puede acaso comprender que hay cosas peores que estar físicamente enfermo o incluso morir?

EL TRASPASO DE LA AUTORIDAD

Cuando los pastores a quienes Dios les ha dado la

autoridad de la iglesia la entregan al César porque éste se la exige, entonces están aceptando el estatismo. Cristo les ha confiado a Su prometida (la iglesia es la novia de Cristo). ¿Cuándo el César le hace daño a la iglesia, ¿qué pensamos que siente Cristo?

Aquellos pastores que entreguen su autoridad delegada serán considerados responsables por inclinarse ante las demandas del César. No es poca cosa entregar las riendas a alguien que ha rechazado a Dios. Es Dios quien les ha delegado la autoridad, y es Dios quien los hará responsables de la forma como cuidan la iglesia. Esto es como participar en el derrocamiento de los líderes en los que Dios ha delegado la autoridad, incluso si usted es uno de esos líderes.

Este no es un tema menor. Mire lo que sucedió cuando Aarón y Miriam cuestionaron la autoridad de Moisés en el libro de Números, capítulo 12, donde Dios dice: "¿Por qué, pues, no temieron Hablar contra Mi siervo, contra Moisés?" (v. 8b). Y se encendió la ira del Señor contra ellos (v. 9) se volvió hacia Miriam, vio que estaba leprosa (v. 10).

Piense también en la rebelión de Coré y sus cómplices en Números capítulo 16, cuando se levantaron contra Moisés y Aarón cuestionando su autoridad, pero terminaron siendo tragados por la tierra, consumidos por el fuego, y muriendo por causa de una plaga. La usurpación de la autoridad delegada por Dios es un asunto serio. En última instancia es una rebelión contra Dios.

En la discusión de Romanos 13, el rechazo de la

autoridad de Dios es una acusación contra aquellos que no se someten a las órdenes de César. Pero como podemos ver, tal vez sea igualmente apropiado plantear el rechazo de la autoridad de Dios por el mismo César. Cuando trata de tomar la autoridad que no le fue dada, es él quien necesita ser advertido. Históricamente esto ocurrió a algunos pastores e iglesias, pero con la invasión del estatismo los púlpitos parecen haberse quedado en silencio. ¿Ha superado el temor a César al temor a Dios? ¿Hemos perdido el espíritu de audacia que tenían los sacerdotes de Uzías?

Los líderes de la iglesia que han sucumbido a la gradual invasión del estatismo, ya sea intencionalmente o no, han entregado su autoridad delegada por Dios al César y le han permitido determinar los patrones del funcionamiento de la iglesia a un nivel local.

La responsabilidad de un pastor es inmensa pues tendrá que rendir cuentas por el pastoreo de almas. Y es a él a quien se le ha dado esta responsabilidad; no a César. Esta negligencia es equivalente a la idolatría, aunque uno esté felizmente inconsciente. Tenemos un Señor y Dios a quien le pertenece toda la autoridad. Uno de mis mayores deseos es que este libro pueda llevar a algunos líderes y pastores al arrepentimiento.

Los que lideramos iglesias, en cualquier ámbito, debemos ser más diligentes en el ejercicio de nuestra autoridad delegada. La tiranía no se limita al gobierno civil; se encuentra también en las iglesias y en los hogares. Yo, por mi parte, puedo mirar hacia atrás en mi vida como esposo, padre y pastor para darme cuenta de que no entendía las ramificaciones de la autoridad delegada por Dios; la responsabilidad y la humildad requerida como siervo, y sus limitaciones. La responsabilidad de los dirigentes, de no excederse, se destaca tanto como la necesidad de someterse.

"*El amor sea sin hipocresía; aborreciendo lo malo, aplicándose a lo bueno. Sean afectuosos unos con otros con amor fraternal; con honra, dándose preferencia unos a otros. No sean perezosos en lo que requiere diligencia. Sean fervientes en espíritu, sirviendo al Señor, gozándose en la esperanza, perseverando en el sufrimiento, dedicados a la oración, contribuyendo para las necesidades de los santos, practicando la hospitalidad.*

Bendigan a los que los persiguen. Bendigan, y no maldigan. Gócense con los que se gozan y lloren con los que lloran. Tengan el mismo sentir unos con otros. No sean altivos en su pensar, sino condescendiendo con los humildes. No sean sabios en su propia opinión.

Nunca paguen a nadie mal por mal. Respeten lo bueno delante de todos los hombres. Si es posible, en cuanto de ustedes dependa, estén en paz con todos los hombres. Amados, nunca tomen venganza ustedes mismos, sino den lugar a la ira de Dios, porque escrito está: «Mía es la venganza, Yo pagaré», dice el Señor. «Pero si tu enemigo tiene hambre, dale de comer; y si tiene sed, dale de beber, porque haciendo esto, carbones encendidos amontonarás sobre su cabeza». No seas vencido por el mal, sino vence el mal con el bien".
Romanos 12:9-21

"*¡Ay de los que llaman al mal bien y al bien mal,*
Que tienen las tinieblas por luz y la luz por tinieblas,
Que tienen lo amargo por dulce y lo dulce por amargo!".
Isaías 5:20

8

Castigar el Mal No Está en Nuestro Dominio Personal (Romanos 12)

Para entender el pasaje clave de Romanos 13 necesitamos comenzar con el contexto anterior. Como dijimos en la introducción, nuestra tendencia a tomar un versículo aisladamente conduce a una interpretación simplista e inexacta del texto. Esto es particularmente cierto en la Carta a los Romanos 13, como veremos a continuación.

En el libro de Romanos, los primeros 11 capítulos tratan de teología, y luego, en el capítulo 12, Pablo comienza a tratar algunos aspectos prácticos de la vida cristiana. El sacrificio, la inconformidad con el mundo, el servicio a través de los dones espirituales, y el amor, son los temas clave en los primeros versículos.

En el versículo 9, Pablo nos introduce a los principios del bien y del mal que se convierten en una parte crucial del contexto para el resto de este capítulo y del capítulo 13.

Pablo nos dice que nuestro amor debe ser genuino y cómo asegurarnos de que "aborrecemos lo malo aferrándonos a lo bueno." Si no odiamos el mal y nos aferramos al bien, nuestro amor puede no ser amor genuino. Este versículo tiene eco en Isaías 5:20 donde se amonesta "a los que llaman al mal bien y al bien mal". Si declaramos que algo es amoroso y continuamos aferrados al mal, nuestro amor es hipócrita y no es genuino.

Solo Dios puede decirnos lo que es malo y cómo debemos odiar lo que él declara ser malo; solo Dios puede decirnos lo que es bueno, y debemos aferrarnos a lo que Él declara ser bueno. Si alguien que no sea Dios define lo que es bueno y malo, entonces la pecaminosidad del hombre nos pone en grave peligro de llegar a una situación como la de Isaías 5:20. Nos pondríamos en riesgo del "ay de aquellos" que se aplica a nosotros si buscamos definir el bien y el mal fuera de las Escrituras. Y cada vez que César hace esto va más allá de los límites de la autoridad que se le ha delegado. Esta comprensión del bien y del mal sustenta el próximo capítulo.

Estructura Literaria de los Versículos 17-21

En los versículos 10-13 vimos la descripción del amor genuino. Luego, en el versículo 14 encontramos un principio que nos manda "Bendecir a los que te persiguen". Esta enseñanza introduce el tema contextual clave para el resto del capítulo que conduce a los versículos cruciales 17-21.

La estructura literaria (forma de organizar el pensamiento) utilizada aquí, es la que se conoce como un quiasmo. El quiasmo es una figura literaria que consiste en la repetición inversa de una idea en las dos partes de una oración gramatical. En otras palabras, es como ver las cosas en un "espejo" donde la primera parte de una frase se repite en orden inverso en la segunda parte. Veamos el ejemplo: Si tuviéramos una secuencia de ABC-D-CBA, las dos partes ABC y CBA llevarían nuestro enfoque hacia el centro (D). Es como si las ideas aumentaran su intensidad y luego reflejaran su camino de regreso.

Una estructura de quiasmo sirve para comunicar el pensamiento de una manera fácil de recordar y bien enfocada. Veamos el "quiasmo" en esta oración gramatical: "*Cuando las condiciones se ponen difíciles, las personas se vuelven más fuertes*".

Las dos partes de esta oración gramatical tienen dos núcleos: "las condiciones" y las personas" ¿Qué las une? –La dificultad–. *Entre más difícil es algo, más fuerte se vuelve la persona* *.

Vamos a examinar el quiasmo visualmente:

El versículo 17 enfatiza la importancia de no estar en deuda con nadie, excepto en el amor fraternal. Esto implica una vida de rectitud y justicia donde se cumple con las obligaciones y se honra a los demás. Nunca pagar **mal** por **mal**, respetando lo que es **bueno** a los ojos de todos los hombres.

En el versículo 18 dice que, en la medida en que dependa de usted, debe estar en paz con todos.

En el versículo 19a: Nunca tomar su propia **venganza.**

En el versículo 19b: sino den lugar a la ira de Dios.

En el versículo 19c: Porque está escrito: "«Mía es la venganza, Yo pagaré»", dice el Señor. En el versículo 20: "«Pero si tu enemigo tiene hambre, dale de comer; y si tiene sed, dale de beber, porque haciendo esto, carbones encendidos amontonarás sobre su cabeza»".

En el versículo 21: No seas vencido por el **mal**, sino vence el **mal** con el **bien**.

La explicación de ABC y BCA es la siguiente:

En la primera parte de la oración encontramos ABC:

A: Mal por Bien

B: Tratar bien a la gente

C: Venganza

D: **La Ira de Dios** (Esta es exactamente la mitad entre las dos oraciones gramaticales). En la segunda parte de la oración gramatical encontramos BCA:

B: Tratar bien a la gente

C: Venganza

A: Mal por bien

En las dos partes de esta oración gramatical tenemos una doble referencia al "mal" y al "bien". En la primera referencia dice que "debemos estar en paz con todos los hombres" (v. 18) y amar a tu enemigo (v. 20). Cuando llegamos al centro, en el versículo 19 aparece la segunda referencia a la venganza: "nunca tomen venganza" y "mía es la venganza".

La Venganza y la Ira de Dios

Estos versículos nos dan un mensaje claro: no debemos vengarnos porque la venganza le pertenece a Dios. Por eso, en el centro está "la ira de Dios". Los vínculos contextuales con el bien y el mal, definidos por Dios, nos permiten ver que cuando alguien nos hace el mal no debemos tomar venganza sino responder con bondad.

En general, este pasaje nos enseña que cuando somos tratados mal no tenemos derecho de responder con más maldad; más bien, debemos responder con amor. Pero, ¿por qué instintivamente deseamos pagar un mal con otro mal? Porque nuestra naturaleza es pecaminosa. ¿Pero, acaso no hay también un deseo de justicia? ¿Cómo podemos reaccionar frente al mal? Dios dice que no se nos permite hacer justicia porque Él tomará venganza en lugar de nosotros. Seguramente habrá un resultado de Su ira. De esta manera podemos descansar y responder con amor como respuesta, dejando la justicia en las manos de Dios.

Así que, si un asesino mata a su hijo, la justicia exige que el mal sea castigado. Pero no tenemos autoridad para aplicarle el castigo. Usted no tiene la autoridad para impartir justicia. ¿Quién tiene esa autoridad? Dios la tiene y se la delega al gobierno civil. ¿Por qué? Porque toda autoridad es Suya.

El Bien y el Mal Definidos por Dios

Como dijimos con respecto al versículo 9, Dios es también el único que puede definir lo que es bueno y malo. Cuando Dios creó los cielos y la tierra declaró que su obra era buena (Gén. 1); era Suya, y era buena. Por lo tanto, cuando se nos dice que "No seas vencido por el mal, sino vence el mal con el bien" (v. 21), es Dios quien declara que el bien debe superar al mal. Cuando se nos dice que nunca "paguen a nadie mal por mal", es Dios quien determina lo que es malo y cuando se nos dice que "Respeten lo bueno delante de todos los hombres" (v. 17), es Dios quien determina lo que es bueno.

No son aquellos ante cuyos ojos debemos hacer el bien los que pueden decidir lo que es bueno. La gente llama bien a lo que Dios llama mal y viceversa (Isaías 5:20). El contexto más amplio aclara que Pablo no está hablando de nosotros haciendo lo que ellos definen como bueno, sino lo que Dios define como bueno para que ellos puedan verlo. De la misma manera, ni César llega a determinar lo que es bueno. No puede simplemente decir "esto es por tu bien" (para justificar su declaración). Cualquier decreto de César debe estar dentro de las limitaciones de la autoridad que le ha sido delegada, y parte de esas limitaciones son las definiciones de Dios de lo que es bueno y lo que es malo.

Ahora, después de construir una base de principios bíblicos amplios y establecer el contexto anterior, finalmente podemos detenernos en el pasaje clave de Romanos 13.

"*Sométase toda persona a las autoridades que gobiernan. Porque no hay autoridad sino de Dios, y las que existen, por Dios son constituidas. Por tanto, el que resiste a la autoridad, a lo ordenado por Dios se ha opuesto; y los que se han opuesto, recibirán condenación sobre sí mismos. Porque los gobernantes no son motivo de temor para los de buena conducta, sino para el que hace el mal. ¿Deseas, pues, no temer a la autoridad? Haz lo bueno y tendrás elogios de ella, pues es para ti un ministro de Dios para bien. Pero si haces lo malo, teme. Porque no en vano lleva la espada, pues es ministro de Dios, un vengador que castiga al que practica lo malo. Por tanto, es necesario someterse, no solo por razón del castigo, sino también por causa de la conciencia*". ROMANOS 13:1-5

9

El Castigo del Mal le Ha Sido Delegado al César (Romanos 13)

La mayoría de los cristianos modernos creyentes en la Biblia leen Romanos 13 pensando en que "toda persona debe estar sujeta a las autoridades gobernantes" y presumen que la mitad de un versículo resuelve toda discusión diciendo: "¡Mira! ¡Tienes que someterte a César!". Y, sin embargo, ese versículo ni siquiera menciona al César (gobierno).

Autoridades "gobernantes" significa autoridades "superiores". Esta afirmación es un principio general: sométase usted a quienes tienen autoridad delegada. En este punto no se nos dice nada de quiénes son esas autoridades ni de la autoridad que se les ha delegado. Pablo declara el principio general antes de pasar a lo específico. En Efesios 5:20, Pablo enumera varias muestras de estar llenos en el Espíritu, la última de las cuales es "estar sujetos el uno al otro en el temor de Cristo". No hay mención en ese versículo de "a quién someterse"; solo dice que la sumisión se sigue de una vida llena del Espíritu. Luego, en el versículo 22, Pablo nos da un ejemplo específico: "Las mujeres estén sometidas a sus propios maridos como al Señor". Después, en 6:1 dice: "Hijos, obedezcan a sus padres en el Señor", y en 6:5 dice: "Siervos, obedezcan a sus amos en la tierra".

El apóstol Pedro adopta esta misma estructura. En su primera carta 2:13 comienza con el principio general: "Sométanse, por causa del Señor, a toda institución humana". Antes de dar detalles dice: "… ya sea al rey como autoridad, 14 o a los gobernadores como enviados por él" (v. 13b-14a).

¡Aunque Pablo continúa hablando del gobierno civil desde el versículo 3, sigue siendo una gran ironía que la mitad de un versículo más citado en la discusión sobre la sumisión al César ni siquiera mencione el gobierno civil! De ahí la importancia de entender los versículos en conjunto y en forma aislada.

SUMISIÓN PARA DIOS, SUMISIÓN A DIOS

El principio general con el que Pablo comienza es someterse a las autoridades delegadas que están por encima de ustedes. Sí; esto aplica someternos al gobierno civil (como se aclarará cuando Pablo vaya de lo general a lo específico), pero también se aplica a las esposas (a sus maridos), a los hijos, (a sus padres) y a los esclavos (a sus amos). También se aplica a los oficiales de policía, jueces, alcaldes, gobernadores y presidentes que se someten a la Constitución de los

Estados Unidos, y, mucho más importante, a todos los gobernantes que se someten al Dios de quien se deriva su autoridad. Cada uno, en todas partes, en todo tiempo, debe someterse a Dios.

La razón por la cual esta sumisión debe ocurrir se explica muy claramente en la segunda mitad del versículo 1: "Porque no hay autoridad sino de Dios, y las que existen, por Dios son constituidas". Este es uno de los versículos más claros en la Escritura sobre nuestro segundo principio, el de la autoridad delegada. La razón, la única razón por la cual nos sometemos a otros seres humanos es porque Dios, que tiene toda la autoridad, nos lo dice. Al someternos a ellos estamos sometiéndonos a Él porque Él nos dice que lo hagamos.

Cuando uno entiende que Romanos 13 debe ser visto desde otro punto de vista, entiende que César debe ser sometido dentro de los límites de su autoridad delegada. Pero César también debe someterse, sin límite, al Dios que tiene toda la autoridad.

Así, Romanos 13 no debe ser usado por los gobernantes tiránicos contra los cristianos, como si el asunto de la obediencia a cada uno de sus caprichos estuviera resuelto. Más bien, este versículo debe infundir temor en el corazón de cada gobernante, de cada esposo, de cada padre, de cada pastor y de cada gobernante en cualquier nivel de gobierno humano. Todos aquellos a quienes Dios ha delegado autoridad son responsables ante Él. Todas las autoridades, en cualquier área de la vida, deben hacer todo lo que puedan para evitar desviarse de los límites y propósitos de la autoridad que se les ha delegado.

Por lo tanto, cuando consideramos el versículo 2 y su advertencia de no resistir, esta resistencia debe ser percibida como una advertencia válida para los líderes también. El principio general de la sumisión es que todas las personas se sometan a las autoridades superiores que han sido delegadas por Dios. Si no lo hacen, estarán sujetas a la condenación. De la misma manera, este principio se aplicará a un ciudadano que quebranta una ley bíblicamente válida, y a una esposa represible o a un niño desobediente. También se aplicará a un juez estadounidense que ignora la intención autoritaria de la Constitución, a un alcalde que impone restricciones ilegales a las protestas populares, a un dictador del tercer mundo que hace lo que quiere sin pensar en Dios, a un oficial que impone restricciones impías o no autorizadas, a un marido que busca subyugar a su esposa, y a un presidente que llama a lo malo bueno, y a lo bueno malo.

El Rol del César

Cuando llegamos a los "gobernantes" en los versículos 3-5, el principio general de la sumisión se aplica ahora específicamente.

Ahora llegamos a los detalles de la sumisión a César. Lo primero que hay que señalar aquí son las conexiones deliberadas entre los capítulos 12 y 13. Las palabras claves y conceptos del capítulo 12 se repiten en el capítulo 13, mostrando la conexión entre "bien" y "mal", "venganza" e "ira". Recordemos que la separación de los capítulos no es inspirada y estos dos pasajes fluyen naturalmente de uno a otro. "Bueno" y "malo", como vimos antes, fueron mencionados en 12:9. Luego, de nuevo, en 12:17 y 21 (usando dos veces el mal en ambos versículos). En el centro del quiasmo en el versículo 17-21 hay una doble referencia ("venganza" en v. 19 y "venganza" en v. 21). Justo en el centro se encuentra el tema central: "la ira de Dios".

Esto puede ser difícil de ver en algunas versiones en inglés. La versión ESV, por ejemplo, es particularmente pobre en su consistencia. En el capítulo 12 encontramos la traducción "mal" (vv. 9,17,21), y más adelante "malo" e "incorrecto" para traducir la misma palabra griega en el capítulo 13 (vv. 3,4), perdiendo la conexión entre los dos pasajes. Por lo tanto, he usado La Biblia del Legado Estándar (LSB). Pueden estar seguros de que la repetición de estas palabras por parte de la LSB refleja la repetición en el texto griego.

ESV	NBLA
"Porque los gobernantes no son un terror para la buena conducta, sino para la mala".[1]	"...sino al mal" (v. 3).

---

1   Este texto es una traducción directa para conservar el sentido que el autor quiso plasmar en la versión original en inglés.

ESV	NBLA
"Pero si haces mal, ten miedo".	"...Pero si hace lo malo" (v. 4a).
"¿Quién lleva a cabo la ira de Dios sobre el malhechor?".	"...sobre el malhechor" (v. 4b).

Así que, cuando vemos en el versículo 3, "... Porque los gobernantes no son motivo de temor para los de buena conducta, sino para el que hace el mal", estamos viendo una conexión deliberada con el final del capítulo 12. Como vimos allí, es Dios quien determina lo que es bueno y lo que es malo, y, ay de los que redefinen esas palabras. De todas maneras, si alguien hace lo que es correcto ante los ojos de Dios, no tiene nada que temer; al contrario, aquellos que hacen lo que Dios define como malo deben temer al gobierno civil.

Más aún, además de no vivir en temor del César, aquellos que hacen lo que Dios define como bueno deben recibir alabanza (v. 3b). Lo mismo dice en la primera carta de Pedro 2:14 que habla de César como enviado por Dios "or él para castigo de los malhechores y alabanza de los que hacen el bien".

La razón de este escenario ideal está claramente establecida en el versículo 4: "...es un siervo de Dios para ti para siempre". La autoridad del César es delegada a él por Dios con el propósito de ejercer su ministerio en nombre de Dios para el bien, como lo define Dios. Ejercer su ministerio para el bien claramente no se limita a alabar a los que hacen el bien; también es bueno a los ojos de Dios cuando el mal es castigado. "Pero si haces lo que es malo, ten miedo; porque no lleva la espada en vano, porque el gobierno es un siervo de Dios, un vengador que trae la ira sobre el que practica el mal". César debe ejercer así su oficio porque es delegado para el bien y para Dios. Esto implica recompensar a los que hacen el bien y castigar a los que hacen el mal, por lo que César puede legítimamente empuñar la espada del castigo.

El Siervo Vengador De Dios

Sólo en el versículo 4 vemos el uso de las palabras "bueno", "malo", e "ira", y el concepto de venganza ("vengador"). Estos términos conectan lo que se está diciendo aquí con el final del capítulo 12. Allí aprendimos que no era nuestra responsabilidad castigar el mal hecho a nosotros; Dios no ha delegado esa autoridad a los que han sido perjudicados. En última instancia, Él tomará venganza, no nosotros, porque la ira contra ese mal es justamente suya y no nuestra. Esta verdad tiene eco en el Salmo de arrepentimiento de David, donde declara: "*Contra Ti, contra Ti solo he pecado, y he hecho lo malo delante de Tus ojos, de manera que eres justo cuando hablas, y sin reproche cuando juzgas*" (Salmos 51:4).

Todo pecado es en última instancia contra Dios; Él ejecutará venganza y juicio; la Ira es Suya.

Ahora, en el versículo 13:4 vemos que Dios toma Su venganza y derrama Su ira por medio de un vengador delegado. En el capítulo 12 aprendimos que castigar el mal es un acto exclusivo de Dios. En el capítulo 13 aprendimos que Él ha delegado autoridad al César.

Así que el final del capítulo 12 y el comienzo del capítulo 13 se combinan para decirnos que el castigo del mal no debe ser aplicado por los que sienten necesidad de justicia sino por el gobierno civil, juzgando sobriamente el mal y dictando la sentencia, como un siervo de Dios que busca defender Su justicia en Su nombre.

Todos podemos, sin duda, ver la sabiduría de Dios en este asunto. Si cualquier mal fuere hecho contra uno de mis hijos yo sentiría un grado de ira justa, ira que sería compartida en el corazón de Dios. Sin embargo, no soy lo suficientemente ingenuo para pretender que mi ira pecaminosa sobrepase a la ira de Dios. Yo no sería alguien en quien se pudiera confiar para actuar racional y justamente. No podría esperarse que me separara de mis emociones como para hacer un juicio sobrio. Dios ha permitido que César, Su siervo, haga justicia en nombre de las víctimas, de la sociedad en general, y en última instancia, de Él mismo.

Después Pablo nos da dos razones para someternos al castigo del César: el castigo se puede ejecutar legítimamente en nombre de Dios y también en nombre de nuestra conciencia al saber que hemos hecho lo que Dios ha llamado el mal (v. 5).

Así queda definido el alcance de la autoridad

limitada y delegada de César: el gobierno es un siervo de Dios que le sirve a través de su autoridad delegada, en la alabanza y recompensa de lo que Dios define como bueno y en el castigo de lo que Dios define como malo.

"*Cuando un gobernante utiliza su autoridad para fines opuestos a aquellos para los que se le delegó, cuando invade los derechos naturales y constitucionales del sujeto, y cuando pisotea las leyes, pierde su autoridad inmediatamente y no estamos obligados a obedecerlo. Los que lo obedezcan son culpables de impiedad contra Dios y de injusticia hacia ellos mismos y contra la comunidad de la cual son miembros".*

JASON HAVEN, *Ministro Congregacionalista*, 1769

"*Cuando la autoridad civil traspasa los límites de su autoridad, es el deber de la iglesia condenar tal violación".*

JOHN MURRAY, *Colección de Escritos*, 1950s

"*Si no hay lugar final para la desobediencia civil, entonces el gobierno se ha hecho autónomo, y como tal, se ha puesto en el lugar del Dios viviente. ... Eso fue lo que ocurrió cuando los primeros cristianos realizaron sus actos de desobediencia civil, incluso cuando les costó la vida. ... Los actos de Estado que contradicen la Ley de Dios son ilegítimos y son actos de tiranía. La tiranía está gobernando sin la autoridad de Dios. Resistir a la tiranía es honrar a Dios. ... La conclusión es que, en cierto punto, no solo existe el derecho, sino el deber de desobedecer al Estado [12]".*

FRANCIS SCHAEFFER, *Un Manifesto Cristiano*, 1983

"*Si el gobierno civil se convierte en un terror para los que hacen el bien y recompensa a los que hacen el mal, es de nuevo en flagrante violación del mandato y la ordenanza de Dios, y los cristianos tienen en ese momento el deber de resistir a una autoridad que ha dejado de ser siervo de Dios".*

JOSEPH BOOT, *Política: El Cristiano, La Iglesia y El Estado*, 2021

Parte Tres

Respuesta a una Comprensión Bíblica de la Autoridad

"Así que, amados míos, tal como siempre han obedecido, no solo en mi presencia, sino ahora mucho más en mi ausencia, ocúpense en su salvación con temor y temblor. Porque Dios es quien obra en ustedes tanto el querer como el hacer, para Su buena intención". FILIPENSES 2:12-13

"Yo, pues, prisionero del Señor, les ruego que ustedes vivan de una manera digna de la vocación con que han sido llamados. Que vivan con toda humildad y mansedumbre, con paciencia, soportándose unos a otros en amor, esforzándose por preservar la unidad del Espíritu en el vínculo de la paz". EFESIOS 4:1-3

10

¿Cómo Respondemos?

Lo que hemos aprendido en este estudio hasta ahora debería habernos permitido dejar de lado el estatismo (la posición por defecto en la sociedad de hoy, incluso entre los creyentes) y abrazar una comprensión bíblica de los asuntos de autoridad y de gobierno civil, específicamente en el punto donde interfieren con la Iglesia.

Este estudio puede haber respondido a muchas preguntas generales, por ejemplo, "¿Cómo debemos interpretar Romanos 13 y cuál es el propósito del gobierno al respecto?", pero deja muchas preguntas sin respuesta aumentándolas dramáticamente. ¡Las implicaciones de lo que hemos estudiado son enormes!

Ahora sabemos cuál es el papel de César, el siervo vengador de Dios, castigando el mal y recompensando el bien. Pero, ¿qué sucede cuando

César es malo? ¿Y si no es solo un poco malo, sino que comienza a recompensar el mal y castigar el bien? ¿Cómo le respondemos entonces al gobierno civil? Si no está actuando como siervo de Dios, ¿podemos desestimarlo a él y a sus leyes por completo?

Si César fuera a decir (de nuevo) que se nos prohíbe reunirnos o cantar en las iglesias, ahora sabemos que no tiene la autoridad de Dios para hacerlo. ¿Pero qué pasa si usted continúa reuniéndose y hay consecuencias legales impuestas por el César? Los líderes de la Iglesia están siendo confrontados hoy con esta dura realidad mientras los Césares siguen amenazando con castigarlos por hacer las cosas que Dios ha llamado "buenas".

¡Ah, si tan solo pudiéramos recurrir a la Biblia y obtener respuestas claras, directas y específicas para responder a cada decisión que debemos tomar a la luz de los mandatos del gobierno! Muchas de las decisiones que debemos tomar no son ni correctas ni equivocadas bíblicamente. No es un pecado ponerse un tapabocas. Pero, ¿cómo debemos responder cuando César nos dice que lo debemos hacer? ¿En la iglesia? ¿En los supermercados? El hecho de saber que el gobierno no tiene autoridad para dictar esas leyes no resuelve la manera como debemos responderle.

¿Y qué decir de otros temas que, cuando estábamos cegados por el estatismo no solían ser temas de la agenda? ¿Tiene César la autoridad para establecer límites de velocidad? Seguramente conducir a 100 kph cerca de una escuela mientras los niños se dirigen a casa está mal. Pero, ¿qué pasa si conduzco allí mismo a un límite de 35 kph a medianoche? Para llegar a un entendimiento bíblico de la autoridad debemos repensar muchas situaciones que antes habíamos mirado como normales, incluso si terminamos haciendo lo mismo en la práctica.

Si sostenemos que la Biblia no es solo autoritaria sino también suficiente, ¿cómo vivimos en silencio ante tantas decisiones difíciles que se viven bajo un César tiránico? ¿Cómo debemos caminar de manera digna a nuestro llamado (Efesios 4:1) en un entorno tan hostil?

En la parte final de este pequeño libro trataré varias implicaciones que surgen de las dos primeras partes. Necesito recordarle una vez más al lector (¡y a mí mismo!) que no soy médico ni abogado. Mi única tarea aquí es enseñar la Biblia. Así que voy a seguir tratando de evitar dar mi opinión sobre la eficacia de las vacunas[1] y tapabocas, o sobre cualquier cuestión constitucional o legal en cualquier país. ¡El resultado será que haya un montón de áreas grises en las que nos gustaría tener respuestas definitivas, pero terminamos con más preguntas que al comienzo! Aun así, eso está bien, como veremos más tarde.

---

1   El uso de las comillas en la palabra "vacunas" no es de ninguna manera peyorativo sino que sirve para señalar que estas vacunas funcionan en una manera diferente a las convencionales. La metodología es suficientemente distinta como para que sea engañosa. Para evitar un debate decidí usar las comillas y apaciguar así a los dos extremos.

"Sométanse, por causa del Señor, a toda institución humana, ya sea al rey como autoridad, o a los gobernadores como enviados por él para castigo de los malhechores y alabanza de los que hacen el bien.

Porque esta es la voluntad de Dios: que haciendo bien, ustedes hagan enmudecer la ignorancia de los hombres insensatos.

Anden como libres, pero no usen la libertad como pretexto para la maldad, sino empléenla como siervos de Dios. Honren a todos, amen a los hermanos, teman a Dios, honren al rey...".

"Porque para este propósito han sido llamados, pues también Cristo sufrió por ustedes, dejándoles ejemplo para que sigan Sus pasos, el cual no cometió pecado, ni engaño alguno se halló en Su boca; y quien cuando lo ultrajaban, no respondía ultrajando. Cuando padecía, no amenazaba, sino que se encomendaba a Aquel que juzga con justicia". 1 PEDRO 2:13-17, 21-23

11

CÉSARES MALVADOS

Ahora surge un malentendido alrededor de la cuestión de los Césares malvados. ¿Qué sucede cuando César es malo? Generalmente vemos dos puntos de vista opuestos al respecto.

En primer lugar, existe la creencia de que, si César es malo podemos ignorarlo por completo, pero, "¡se supone que de todas maneras es siervo de Dios!". Este punto de vista nos permite desestimar a César y todo lo que dice. En segundo lugar, existe la creencia de que no importa lo malo que sea César, aún debemos someternos. Esta era la opinión de muchos pastores en Alemania bajo los nazis durante la Segunda Guerra Mundial.

Este último punto de vista puede ser rápidamente descartado sobre la base de lo que hemos aprendido hasta ahora. Ya hemos visto que la sumisión a César se refiere a aquel César que obra dentro de la limitada autoridad que Dios le ha delegado. ¿Pero qué hay de la otra opinión? ¿Justifican nuestras conclusiones el rechazo de todos los mandatos por parte de un César tiránico?

1 Pedro 2:13-17 es el pasaje clave para resolver este asunto. Comienza con una declaración general referente a lo que se supone que debe someterse "cada institución humana" (v. 13a), la cual incluye a las familias y las iglesias, así como a César. El resto de los versículos, por separado, no nos dicen nada más de lo que ya hemos visto en nuestros estudios – los gobernantes en el gobierno civil son enviados por Dios "para el castigo de los malhechores y la alabanza de los que hacen el bien" (v.14).

Cómo Ser justo Ante el Mal

Cuando se ven solo en forma aislada, estos versículos podrían ser usados para apoyar la idea de un rechazo completo a un César malvado. Como en Romanos 13, se nos presenta un escenario idealista, pues "los gobernantes no son motivo de temor para los de buena conducta, sino para el que hace el mal." (Romanos 13: 3a). En 1 Pedro 2:15b dice: "...que haciendo bien, ustedes hagan enmudecer la ignorancia de los hombres insensatos".

Dar cuenta de este idealismo en el texto inmediato y recordar los principios más amplios que hemos visto podría llevarnos a ver "honrar al rey" de una manera similar idealista y podríamos entenderlo en el sentido de "honor a quien se debe honor" creyendo que, si César va más allá de los límites que Dios le ha dado, entonces no es digno de tal honor. En otras palabras, podríamos ser tentados a concluir que un César malvado, que no está actuando como un siervo de Dios, no es digno de nuestro honor ni de nuestra obediencia.

Sin embargo, el contexto más amplio de este pasaje no nos permite llegar a esa conclusión. Este "código del hogar",[1] aunque similar a los que encontramos en Efesios y Colosenses, tiene un giro único porque enfatiza la importancia de someterse incluso al gobierno impío, sufriendo a pesar de nuestra respuesta justa. En 1 Pedro 2:18, los siervos deben estar sujetos "no solo a los que son buenos y afables, sino también a los que son insoportables". En 3:1, las esposas deben estar sujetas a sus maridos "si algunos de ellos son desobedientes a la palabra".

Estas dos partes del código de Pedro insertadas en una sección central que habla de la voluntad de Cristo de hacer lo que era correcto mientras sufría injustamente (1 Pedro 2:21-25) se nos dan como un ejemplo a seguir. Frente a la injusticia, Él no pecó, Él no habló engañosamente, Él no insultó a aquellos que lo insultaron ni amenazó a nadie. Él simplemente se confió a sí mismo para el justo juicio del Padre. Esto es exactamente lo que se nos dijo que hiciéramos en Romanos 12, respondiendo al mal con el bien. Aquel que tenía toda la autoridad permitió ser tratado de una manera cruel por los líderes tiránicos a quienes Él había delegado la autoridad, y sin embargo Su

---

1 Este es un término utilizado en los pasajes bíblicos para referirse a esposos y esposas, padres e hijos, amos y esclavos.

respuesta no fue mala.

La conexión de este texto con el código citado es muy clara por usar la expresión "igualmente" cuando hacemos la transición a las esposas en 1 Pedro 3. Y cuando "igualmente" se repite a los maridos en v. 7. Aunque a los esposos no se les dice en las Escrituras que deben someterse a sus esposas, está claro que ellos deben mostrar su corazón sumiso a Dios para responder al tratamiento de la injusticia (en este caso, de su esposa) con una justicia abundante.

Así que, en el contexto más amplio de este pasaje en la primera carta de Pedro no podemos concluir que un César malvado pierde su autoridad delegada por Dios y que no hay ningún motivo para la sumisión o el honor. En cambio, debemos someternos a los gobernantes malvados, incluso cuando no hacen lo que se supone que deben hacer.

SUMISIÓN: UNA RESPUESTA A LA AUTORIDAD

"¡Espera!"– ahora podrías decir, "¿Has cambiado de opinión? ¿Estás sugiriendo que debemos obedecer incluso a los gobernantes cuando van más allá de su autoridad delegada?" Como Pablo dice varias veces en Romanos, "¡Que nunca sea así!" (Romanos 6:1, 15; 7:13). Nada de esto cambia los límites del reino ni la delegación que tiene César. Si el gobernante impone reglas para las que no tiene autoridad, entonces no tenemos el deber de someternos. La sumisión es en respuesta a la autoridad; si no hay autoridad legítima, ¿cómo puede haber una sumisión legítima?

Entonces podríamos preguntar ¿qué diferencia hace este pasaje? Este es el punto: incluso si César es malo y tiránico, imponiendo reglas para las que no tiene autoridad, yendo más allá de sus limitaciones delegadas por Dios, todavía debe ser reconocido como siervo de Dios (no importa lo mal que esté sirviendo), honrado como tal, y sometido a las limitaciones que Dios le dio. Si Dios puede llamar a un tirano como Nabucodonosor "mi siervo", entonces sugiero que nadie tiene el derecho de decir "…este hombre no es mi presidente" (algo que los estadounidenses de ambos lados han dicho en los últimos años). Ser un César malvado no impide que alguien sea César.

Nabucodonosor era siervo de Dios y estaba desligado de la autoridad para castigar el mal que Dios había encontrado en Israel. Los israelitas habían sido malos por su idolatría, y Nabucodonosor fue el siervo de Dios a quien Él levantó para tratar con ellos. ¿Significa eso que los babilonios podrían tratar a Israel como quisieran sin limitación? ¡De ninguna manera! El rey Sedequías se vio obligado a ver a sus hijos asesinados, y luego sus propios ojos fueron arrancados dejándolo con esa horrible imagen final (Jeremías 39:6-7). Babilonia fue más tarde juzgada por su trato con Israel, como todos los líderes tiránicos lo serán un día.

CONFIANDO EN DIOS

César puede no tener derecho a decirle a la iglesia cómo llevar a cabo los servicios de adoración, y cuando lo hace puede ser legítimamente ignorado y reprendido; pero no pierde el derecho de castigar el mal como resultado de un comportamiento desobediente, incluso si se supone que César debe castigar a alguien que le hace daño a usted o a sus seres queridos, pero no lo hace. Eso no le da a nadie el derecho de asumir su responsabilidad. Nuestro único recurso, entonces, es seguir encomendándonos a Dios (1 Pedro 2: 23).

Pero entonces puedes preguntar, "¿no obedeció Jesús las leyes tiránicas cuando fue arrestado, maltratado, y finalmente crucificado?". Sí; Él lo hizo; Su tiempo había llegado. Pero Él también evadió el arresto antes y se escapó cuando trataron de matarlo antes (e.j., Juan 8:59). El modelo que Pedro nos da no es el de la sumisión sin sentido a la tiranía, sino el de una respuesta justa al sufrimiento injusto mientras nos encomendamos al juez supremo. Puede haber momentos en los cuales una respuesta correcta esté permitiendo sumisamente que el maltrato ocurra; puede haber otros momentos en que un firme "no" es la respuesta más justa y amorosa. Estudiaremos este asunto más adelante.

Por ahora, debemos concluir que un César malvado sigue siendo César, no importa lo mal que haga su oficio. Por lo tanto, aún debemos someternos a él a pesar de todo, pero solo en la medida en que Dios le ha delegado autoridad.

El problema es que a los gobernantes malvados les gusta tomar más autoridad de la que les corresponde. Esta es la definición misma de tiranía. Y hay tiranos en cada reino donde Dios delega la autoridad, hay tiranos en el lugar de trabajo, en el hogar, en las iglesias y en el gobierno. Los tiranos odian a los que se rebelan contra ellos. Sin embargo, todos los tiranos son irónicamente rebeldes, – rebeldes contra el Dios que les ha quitado la autoridad limitada por andar descarriados.

"Pilato entonces le dijo: «¿A mí no me hablas? ¿No sabes que tengo autoridad para soltarte, y que tengo autoridad para crucificarte?».

Jesús respondió: «Ninguna autoridad tendrías sobre Mí si no se te hubiera dado de arriba; por eso el que me entregó a ti tiene mayor pecado»". JUAN 19:10-11

12

Decisiones y Sus Consecuencias

En muchos círculos eclesiásticos la palabra "pragmatismo" es a menudo una palabra mal vista. Y a menudo lo es. Cualquier compromiso de la Palabra de Dios bajo el disfraz de "el fin justifica los medios" está equivocado. Pero hay un tipo de pragmatismo que no es en modo alguno antibíblico. Este es el tipo de pragmatismo que debemos considerar en esta etapa de nuestro estudio.

Si alguien viene a tu casa, te pone un arma en la cabeza y exige tu billetera, tienes opciones muy limitadas. Puedes negarte y arriesgarte a que te disparen; puedes obedecer y dar tu palabra, y, aun así, arriesgarte a que te disparen; incluso podrías intentar defenderte a riesgo de que te disparen. Sin embargo, tendrías que sopesar los riesgos y tomar tu decisión de manera muy rápida.

Por otro lado, podrías tratar de explicar al

individuo con la pistola que él no tiene autoridad para exigir tu cartera, pero sospecho que esto no llevaría al agresor a retractarse. ¡Lo más probable es que este asalto te lleve a recibir una rápida lección objetiva sobre la diferencia entre autoridad y poder!

De la misma manera, cuando César impone leyes a la iglesia y nosotros decimos "no", es probable que César responda castigándonos. Realmente cree que tiene la autoridad para hacerlo. Es su trabajo castigar lo que Dios llama malo, y sin embargo, ha determinado que algo que Dios llama bueno es malo. El César ha castigado el bien ignorando el "Ay" de Isaías 5:20 y el castigo ineludible de Dios. Los tiranos siempre verán que cualquier rechazo de su autodeclarada autoridad es malo.

No debemos confundir la autoridad, la cual Dios otorga, con el poder, el cual Dios permite. Solo porque Dios no ha delegado autoridad a una persona no significa que no le haya permitido tener poder para actuar. Como en la ilustración anterior, el ladrón con un arma no tiene autoridad sobre su billetera, pero eso no quiere decir que no tenga poder sobre ella. Esta distinción es crucial. Solo porque alguien declare su autoridad no significa que la tenga legítimamente; solo porque alguien no tenga autoridad no significa que no tenga el poder para hacer lo que quiere. Es por eso que necesitamos considerar la cuestión del pragmatismo y la realidad de las consecuencias de nuestras decisiones.

¿Arresto o Justificación?

Muchas iglesias se han mantenido firmes contra el gobierno en los últimos dos años y esto les ha traído muchas consecuencias. Algunas han tenido éxito en las cortes de Estados Unidos y otras han sido multadas. Hasta ha habido algunos pastores encarcelados. Pero las personas que adoptan la misma postura en diferentes lugares geográficos han terminado en situaciones muy diferentes.

Esto se vio claramente en Canadá el año pasado. James Coates, pastor de la Iglesia Grace Life de Edmonton en Alberta, mantuvo la iglesia firme cuando César le impuso leyes restrictivas y tiránicas. Fue multado y luego arrestado. La iglesia continuó firme con otro pastor y el gobierno respondió incluso cercando el edificio de la iglesia. La resistencia de la iglesia a la tiranía de gobierno llevó a una mayor tiranía. Finalmente, la iglesia decidió pasar a la clandestinidad y los fieles se reunieron en un lugar no revelado. Canadá, un país de marca heredada*, era ahora como China, un país comunista. Y los cristianos canadienses, como sus homólogos chinos, tuvieron que reunirse en secreto para seguir obedeciendo a Dios. Esa es una respuesta pragmática a la realidad.

Nuestra iglesia está a poca distancia de la Iglesia Grace Community donde John MacArthur es pastor. MacArthur volvió a abrir la iglesia públicamente después de que los "15 días iniciales para aplanar la curva" se habían convertido en meses. Debido a su alto perfil, al tamaño de la iglesia y a la ubicación (está situada en el Condado de Los Ángeles), esta fue una gran noticia. Lo que siguió fue una montaña rusa de entrevistas con los medios, multas y procesos legales. A lo largo de todo esto, el Pastor MacArthur continuó predicando fielmente semana tras semana, con una carpa al aire libre para aquellos que aún estaban preocupados por la pandemia del COVID. El gobierno impuso multas (aunque nunca se pagaron), pero no se realizaron arrestos. La batalla legal terminó cuando el Estado pagó los honorarios legales de ambas partes (por un total aproximado de $US2M) y la iglesia continuó resistiendo como lo había hecho antes. MacArthur había tomado la misma postura que Coates, pero las consecuencias fueron muy diferentes.

PRAGMATISMO EN LAS PEQUEÑAS IGLESIAS

A quince minutos en coche desde la iglesia de MacArthur, nuestra iglesia reabrió una semana antes. Somos mucho más pequeños y muy conocidos. En una semana, una queja de un vecino había llegado al departamento de salud del condado de Los Ángeles. Tuve una conversación por teléfono con un funcionario que me confirmó que podíamos continuar haciendo los cultos en nuestro edificio. Me dijo que yo, y aquellos que hacen varios oficios podrían estar allí presentes. Por supuesto, cada creyente es un siervo y su trabajo en la iglesia es esencial, ¡así que finalmente obtuvimos el permiso del César! Pero, al ver que el funcionario no estaba malinterpretando nuestra postura, terminé la llamada informándole que las puertas de la iglesia permanecerían abiertas y que el gobierno no tenía autoridad para vigilar a los que entraban a la iglesia. El funcionario comprendió lo que estaba diciendo y simplemente afirmó que, si había más quejas, tendrían que hacernos otro seguimiento.

Desde entonces, cada domingo celebramos nuestro "servicio de transmisión en vivo" y obtuvimos la misma asistencia que teníamos antes, con tantos ministros como quisiéramos a través de las puertas desbloqueadas. Tuvimos distanciamiento social para el servicio simplemente porque teníamos suficiente espacio en nuestro edificio para usar asientos alternativos. Y así nos escabullimos bajo el radar. Nuestro enfoque consistió en evitar enfrentamientos en lugar de utilizar una audacia abierta.

Retrospectivamente, hablando en términos generales, estoy contento con lo que hicimos. ¿Por qué era tan diferente nuestro enfoque al de la Iglesia Grace Community? ¡Pragmatismo! Hicimos lo que pensamos que era mejor para una iglesia más pequeña. MacArthur deliberadamente se puso delante de César como protector de iglesias más pequeñas como nosotros y, por eso, estábamos agradecidos. Sin embargo, ambas iglesias rechazaron la tiranía de César y trataron de obedecer a Dios y no al hombre.

Decisiones Difíciles; Resultados Diferentes

El punto clave aquí es que debemos tomar decisiones difíciles, y para esto no hay garantía, incluso si somos fieles a un resultado positivo, humanamente hablando. Los Césares designados por Dios pueden ser buenos o malos. Enfrentarse a la tiranía puede resultar en honor, o puede resultar en persecución y daño. El hecho de que César haya recibido autoridad delegada por Dios no significa que seremos recompensados por el bien y castigados por el mal, –el idealismo de Romanos 13:3 "¿Deseas, pues, no temer a la autoridad? Haz lo bueno y tendrás elogios de ella".

Consideremos al Faraón que fue levantado para que Dios mostrara Su poder y proclamara Su nombre a través de él (Rom. 9:17; Ex. 9:16). Se le delegó la autoridad como siervo de Dios y, aun así, mantuvo a los israelitas como esclavos.

Daniel fue rescatado del foso de los leones (Daniel 6) y sus amigos del horno de fuego (Daniel 3). Los apóstoles fueron golpeados (Hechos 5). Y, por supuesto, debemos considerar a Cristo, quien le recordó a Pilato que la única autoridad que tenía le había sido delegada por Dios (Juan 19:11) antes de que Pilato "lo entregara para ser crucificado" (v.16).

Entonces, ¿cómo enfocamos bíblicamente este tema del pragmatismo mientras buscamos no comprometernos de ninguna manera?

"Cuando los trajeron, los pusieron ante el Concilio, y el sumo sacerdote los interrogó: «Les dimos órdenes estrictas de no continuar enseñando en este Nombre, y han llenado a Jerusalén con sus enseñanzas, y quieren traer sobre nosotros la sangre de este Hombre».

Pero Pedro y los apóstoles respondieron: «Debemos obedecer a Dios en vez de obedecer a los hombres". Hechos 5:27-29

"Porque para este propósito han sido llamados, pues también Cristo sufrió por ustedes, dejándoles ejemplo para que sigan Sus pasos, el cual no cometió pecado, ni engaño alguno se halló en Su boca; y quien cuando lo ultrajaban, no respondía ultrajando. Cuando padecía, no amenazaba, sino que se encomendaba a Aquel que juzga con justicia". 1 Pedro 2:21-23

13

Dos Tipos de Decisiones

Debemos tener claros algunos principios básicos: aunque lo correcto es correcto y lo incorrecto es incorrecto, también hay muchas cosas que no son ni lo uno ni lo otro. A menudo vemos una tendencia entre los cristianos a reducir ese término medio, asignando varias opciones y comportamientos como "buenos" o "malos" cuando las Escrituras no lo hacen.

Si alguien te pone un arma en la cabeza y te exige que niegues a Cristo solo hay una opción; pero si te ponen una pistola en la cabeza y te exigen tu billetera, tienes muchas opciones. Estas distinciones son todas importantes.

No podemos simplemente rechazar los mandatos bíblicos por temor al resultado pragmático de rechazar los mandatos de César. No podemos desechar todo lo que la Escritura dice acerca de la iglesia, el ministerio y las reuniones, solo porque César nos lo ha dicho (ej., Hebreos 10:25). Debemos ser obedientes a las Escrituras sin importar las consecuencias. Sin embargo, fuera de los mandamientos bíblicos tenemos libertad para desobedecer.

El Caos De Las Decisiones Del Covid-19

En los últimos meses la gente ha tenido que tomar algunas decisiones muy difíciles. ¿Recibir vacunas o perder su trabajo, o hacer frente a tales imposiciones legales, o incluso obtener una tarjeta de vacuna falsa? Estos dilemas morales y éticos son difíciles. ¿El uso de los programas pro-aborto hace que ciertas vacunas sean inaceptables para aquellos que son provida? ¿El comportamiento de las parteras egipcias (Éxodo 1:17) y Rahab en Jericó (Josué 2:1-6) abre la puerta a tarjetas falsas de "vacuna"? Aunque muchos argumenten en un sentido u otro, no hay respuestas bíblicas claras y «contundentes».

La gente a menudo quiere que sus pastores tomen estas decisiones difíciles por ellos. "¡Dime lo que debo hacer, pastor!" –Pero ese no es el trabajo del pastor. Los pastores deben equipar a los santos para la obra mediante la enseñanza de la Palabra. Los fieles pueden y deben establecer los principios bíblicos que impactan tales decisiones; pero donde la Escritura es silenciosa, los pastores harían bien en callar. Hay consecuencias que resultarán de cualquier decisión que se tome, y el pastor no es quien debe sufrir esas consecuencias directamente.

Como pastor, no es mi trabajo decirles a los

miembros de la iglesia que se vacunen, que usen tapabocas, o que no los usen. Si lo hiciera, sería tan tiránico como un César que está tratando de imponer tales cosas. El legalismo es un pecado, y no puedo imponer leyes como esas a aquellos que asisten a mi iglesia sin caer en ese pecado yo mismo. Tampoco debemos ser alentados a evadir el trabajo duro y la responsabilidad de tomar tales decisiones, luchando contra ciertos principios bíblicos inamovibles para llegar a una decisión a través de la oración.

Así que algunos decidirán usar un tapabocas cuando vayan al supermercado, si bien reconocen que César no tiene tal autoridad. Estos no quieren lidiar con ninguna consecuencia negativa; otros decidirán enfrentarse a tal tiranía y decir "No". Algunos se negarán a usar tapabocas en las tiendas, pero no en los aviones. ¿Por qué? ¡Porque una discusión con el gerente del supermercado no es lo mismo que estar en una lista de exclusión aérea! Eso es pragmatismo.

Los Apóstoles Arrestados

Esta distinción entre cuestiones de decisión y principios bíblicos "no negociables" se ve también en el libro de Los Hechos capítulo 5, cuando el sumo sacerdote recuerda a los apóstoles que se les había ordenado no enseñar en el nombre de Jesús, y sin embargo ellos llenaron la ciudad de Jerusalén con su enseñanza. En la era actual probablemente veríamos algunos cristianos diciendo: "Solo enseñaremos en los hogares" o, "Sólo hablaremos con aquellos que quieran escuchar". Sin embargo, la respuesta de los discípulos fue clara: "Debemos obedecer a Dios en vez de obedecer a los hombres" (v. 29). Así que, en los asuntos en los que Dios ha hablado, no hay más que decir.

Note cómo en el siguiente versículo (v. 30), ellos predican a la misma gente que se les dijo que no les predicaran. Talvez no necesitaban hacer eso; podrían haber salido y predicado a otros con la esperanza de que quisieran escuchar. Pero no; ellos predicaban directamente a aquellos que eran hostiles a su predicación y les habían dicho que se detuvieran. Por eso proclamaron a Jesús como "líder y salvador".

Esta era una declaración clara de que su predicación estaba fuera del dominio de César porque tenían otro líder a quien obedecer. Este asunto no era negociable y tanto es así que lo siguieron haciendo; lo hicieron inmediatamente, en la cara del sumo sacerdote, aparentemente como una declaración de su derecho y responsabilidad de hacerlo. No trataron de negociar con César, sino que le declararon que él estaba fuera de su campo de acción delegada.

Qué contraste tan grande vemos aquí con la sumisión mansa a las demandas de César en los últimos días. El gobierno dice a las iglesias que no se reúnan y estas no se reúnen; les dice que se reúnan afuera, que no canten, que se pongan tapabocas, que rechacen a los no vacunados..., y las iglesias obedecen. Es como si el "debemos obedecer a Dios en lugar de a los hombres" de los apóstoles se hubiera transformado en "debemos obedecer al hombre en lugar de obedecer a Dios". El enfoque sutil del estatismo parece habernos cegado.

El resultado ante las acciones de los apóstoles fue que los líderes judíos se enfurecieron e intentaron matarlos (v. 33). Sin embargo, debido al consejo de Gamaliel (v. 34-39), fueron golpeados y liberados, con el recordatorio de que no debían "hablar en el nombre de Jesús" (v. 40). En este caso, fueron castigados por hacer el bien.

Confiando En La Providencia De Dios

Hacer el bien debiera resultar en alabanza y hacer el mal debe resultar en castigo. Pero este no siempre es el caso. Debemos hacer lo correcto incluso cuando se nos trata mal y confiar las consecuencias a Dios. Por eso el pragmatismo va de la mano con la providencia.

Si volvemos a 1 Pedro 2 y al ejemplo de Cristo vemos Su respuesta justa, haciendo el bien frente al mal, porque Él "se encomendaba a Aquel que juzga con justicia" (v. 23). Podemos obtener una respuesta positiva o negativa si hacemos lo que dice la Biblia. De cualquier manera, Dios es el juez supremo de todo, y Él está en control. Jesús sabía que, incluso en medio del sufrimiento que Él soportó, podía confiar en Su Padre. Y, por supuesto, así como en Getsemaní (Lucas 22:39-46), también nosotros debemos clamarle en oración mientras confiamos en Él.

Nuestros corazones deben estar firmes en este asunto. La vida justa siempre conducirá a alguna forma de sufrimiento (2 Tim. 3:12), y por eso debemos estar preparados para encomendar a Dios el resultado. Nuestra única preocupación es ser obedientes a Su Palabra.

Los apóstoles entendieron esto y se regocijaron de que habían sido "considerados dignos de sufrir vergüenza por el Nombre de Jesús" (Hechos 5:41). Y, por supuesto, continuaron "enseñando y proclamando la buena nueva de que Jesús es el Cristo" (v. 42). Obedecieron y confiaron los resultados a Dios. Ya sea que el resultado sea bueno o no, Dios siempre honra lo bueno.

De todas maneras, cuando tomamos decisiones que no son bíblicas o no inspiradas en la Biblia, no necesitamos preocuparnos por el resultado. No es como si pudiéramos elegir una opción y estar equivocados si la Biblia nos permite elegir cualquiera. No podemos creer que Dios pueda ser sorprendido por nuestra decisión. Sí; la decisión puede tener consecuencias significativas, pero debemos confiar en la soberanía de Dios.

Así que debemos tomar decisiones difíciles. Por supuesto, debemos obedecer a Dios, no a los hombres, pero el grado en que reaccionamos a la exageración tiránica a menudo se debe a nuestra propia decisión, sin que bíblicamente esté claro el bien y el mal. Y las consecuencias de estas decisiones pueden ser enormes. ¿Cómo tomamos decisiones tan difíciles?

"Por tanto, es necesario someterse, no solo por razón del castigo, sino también por causa de la conciencia. Pues por esto también ustedes pagan impuestos, porque los gobernantes son servidores de Dios, dedicados precisamente a esto. Paguen a todos lo que deban: al que impuesto, impuesto; al que tributo, tributo; al que temor, temor; al que honor, honor.

No deban a nadie nada, sino el amarse unos a otros. Porque el que ama a su prójimo, ha cumplido la ley. Porque esto: «No cometerás adulterio, no matarás, no hurtarás, no codiciarás», y cualquier otro mandamiento, en estas palabras se resume: «Amarás a tu prójimo como a ti mismo». El amor no hace mal al prójimo. Por tanto, el amor es el cumplimiento de la ley". ROMANOS 13:5-10

"Acepten al que es débil en la fe, pero no para juzgar sus opiniones. Uno tiene fe en que puede comer de todo, pero el que es débil solo come legumbres. El que come no desprecie al que no come, y el que no come no juzgue al que come, porque Dios lo ha aceptado.

¿Quién eres tú para juzgar al criado de otro? Para su propio amo está en pie o cae. En pie se mantendrá, porque poderoso es el Señor para sostenerlo en pie. Uno juzga que un día es superior a otro, otro juzga iguales todos los días. Cada cual esté plenamente convencido según su propio sentir. El que guarda cierto día, para el Señor lo guarda. El que come, para el Señor come, pues da gracias a Dios; y el que no come, para el Señor se abstiene, y da gracias a Dios". ROMANOS 14: 1-6

14

Motivados por el Amor y Dirigidos por la Conciencia

Romanos 13 ha sido el pasaje clave con respecto a la interacción entre César y la Iglesia. Comenzamos con la interpretación errónea que es tan ampliamente sostenida -"obedecer a César a menos que sea pecado" y, después de mirar los principios bíblicos fundamentales nos sumergimos más profundamente en el pasaje, incluyendo el contexto crucial precedente.

Ahora, a medida que continuamos a través de Romanos 13 que ha presentado un cuadro muy idealista sobre cómo debe funcionar el gobierno, vamos hacia un enfoque más amplio sobre la manera como debemos comportarnos, particularmente con respecto a nuestros compañeros creyentes.

Aunque el alcance va más allá de este libro "deliberadamente breve", es lo suficientemente claro para ver dos temas claves desarrollados en la segunda mitad del capítulo 13 y en el capítulo 14 – amor y conciencia.

EL AMOR

El tema de amarnos unos a otros se encuentra a lo largo de todas las Escrituras, aunque no es coincidencia que también se encuentre inmediatamente después de nuestro pasaje sobre la venganza en Romanos 13.

En Romanos 13:7 debemos dar a cada persona lo que se le debe – impuestos, tributo, respeto y honor son un puente que nos lleva al contexto más amplio de cómo tratar a nuestros compañeros creyentes de una manera apropiada. El versículo 8 se basa en este requisito de dar lo que se debe a cada persona, diciéndonos que "No deban a nadie nada, sino el amarse unos a otros". El versículo 9 deja claro que el amor implica obediencia a Dios - hacer lo que Él llama bueno. "El amor no hace mal al prójimo" (v. 10).

Cuando la palabra de Dios es clara, nuestro curso de acción es igualmente claro. Pero cuando tenemos la libertad de elegir, siempre debemos estar motivados por el amor - cada vez que amamos, como Dios lo define, estamos en obediencia a Dios.

Así que, cuando tomamos decisiones debemos tener la mente de Cristo que consideraba a los demás como más importantes que Él mismo (Filipenses 2:1-5). Esto es especialmente cierto dentro de la iglesia, entre nuestros hermanos y hermanas en Cristo. El "yo" debe ser puesto a un lado, y el bien de los demás debe tener prioridad.

Hacer lo que Dios nos manda no es a la vez amoroso y bueno –para Él y para los que nos rodean. Pero, así como el bien debe ser definido por Dios, así debe ser el amor. Por lo tanto, en la búsqueda de amar debemos ser cautelosos para no permitir que el amor sea definido por los incrédulos. Muy a menudo, el enemigo de Dios nos dirá, "ama a tu prójimo", cuando realmente quieren decir, "debes estar de acuerdo con todo y cumplir con César como yo".

Así que, mientras debemos honrar a César en el espacio que Dios le ha delegado, no debemos honrarlo si se sale de su espacio. A veces el honor es merecido y a veces no. "Lo que es debido" es una advertencia crucial (v. 7). Pero el amor siempre es debido.

La Conciencia

Al pasar de Romanos 13 al capítulo 14, pasamos del requisito general de amarnos unos a otros a una forma más específica de hacerlo. Otro tema tratado en esta sección de la carta es "juzgar opiniones" (14:1), asuntos que no se nos ordena ni se nos prohíbe hacer.

Algunos creyentes son débiles en su fe (v. 1) y están convencidos de que no deben hacer algo que realmente son libres para hacer. Pablo usa la ilustración de una dieta vegetariana aquí (vv. 2-3). Ahora bien, esto no es un asunto de salud sino de rectitud; la persona que se abstiene cree que sería incorrecto para ellos hacer lo contrario. Es claro que bíblicamente ellos pueden comer carne sin pecar; pero es una debilidad de la fe lo que les impide comer carne (v. 2). Lo que está claro aquí es que aquellos que comen de manera diferente deben aceptarse unos a otros (v. 1) y no despreciarse unos a otros (v. 3). En estas áreas donde tenemos una opción, no debemos juzgarnos unos a otros (vv. 4, 10). Lo importante es vivir nuestra vida para Cristo (vv. 6-8), a quien debemos rendir cuentas en última instancia (v. 12).

Si somos condenados a no tomar un camino en particular, entonces no debemos hacerlo (vv. 22-23), incluso si es un resultado de nuestra debilidad. Por supuesto, no debemos poner bases permanentes sobre temas no bíblicos. A medida que crecemos en la fe, bien podemos cambiar nuestras mentes. Queremos madurar hacia una fe cada vez más fuerte.

El punto clave es que tenemos libertad para discrepar sobre este tipo de asuntos sin desprecio ni juicio. No debemos derribar la obra de Dios por el bien de tales cosas (v. 20).

Aplicaciones Prácticas

Consideremos otra vez la cuestión de los tapabocas. Una vez más, no soy médico y no comentaré sobre la eficacia de los tapabocas; pero cuando César dice que tienes que usar uno, se ha desviado de los límites delegados por Dios.

Si usted cree que el tapabocas es una manera eficaz de prevenir la transmisión de un virus puede decidir usarlo. Es muy posible que elija usar uno, aunque la imposición de César es injustificada. Sin embargo, si usted piensa que la eficacia del tapabocas es insignificante y, por lo tanto, que la imposición del gobierno es una forma de discurso obligatorio (similar a ser obligado a usar una camiseta con un mensaje con el que usted no está de acuerdo), entonces es probable que usted se niegue a hacerlo.

El uso de un tapabocas no es un asunto bíblico "per se". No se puede recurrir a Ezequías 34:23 y ver una orden de "¡ponerse el tapabocas cuando lo diga el César!". Tenemos la libertad de elegir. César no tiene autoridad delegada para tomar decisiones médicas por nosotros; él debe castigar el mal como Dios lo declara, no redefinir el bien y el mal como él lo crea conveniente. En segundo lugar, cualquier decisión que tomemos debe estar motivada por el amor y por nuestra conciencia.

Con respecto al amor, esto significa que, si no usamos un tapabocas, no es simplemente porque es incómodo, o porque no podemos ser molestados, o simplemente porque somos propensos a discutir. Nuestra decisión proviene más de un corazón de amor que de nuestro incumplimiento a los mandatos tiránicos de César. Viene de buscar lo mejor para los demás en combinación con nuestra convicción de que someterse a ese mandato sería un error. Quizá nuestra preocupación por los demás implica la pérdida de libertad dentro de la sociedad en el futuro, o simplemente la tergiversación del espacio delegado al César a través del cumplimiento. De cualquier manera, nuestra motivación no es egoísta y busca servir a Cristo.

Igualmente, si usamos un tapabocas no es simplemente para encajar dentro del grupo o para evitar el conflicto, sino por nuestra obedecer a nuestra conciencia y por el deseo de amar a los demás, creyendo que al hacerlo se muestra una diferencia positiva para los demás. Sin embargo, debe haber un entendimiento consciente de que esta es nuestra elección y no la aceptación del gobierno del César.

De cualquier manera, si nosotros como cristianos discrepamos en tales asuntos, no debería haber lugar para el juicio o el desprecio. Podemos llegar a diferentes decisiones sobre tales asuntos, y eso está bien. En particular, los más fuertes en la fe deben tener cuidado de no juzgar a los débiles sino más bien aceptarlos como viven de acuerdo con su propia conciencia ante Dios, quien juzgará sus corazones.

"Miren que nadie los haga cautivos por medio de su filosofía y vanas sutilezas, según la tradición de los hombres, conforme a los principios[a] elementales del mundo y no según Cristo".

"Si ustedes han muerto con Cristo a los principios elementales del mundo, ¿por qué, como si aún vivieran en el mundo, se someten a preceptos tales como: «no manipules, no gustes, no toques», (todos los cuales se refieren a cosas destinadas a perecer con el uso), según los preceptos y enseñanzas de los hombres?

Tales cosas tienen a la verdad, la apariencia de sabiduría en una religión humana, en la humillación de sí mismo y en el trato severo del cuerpo, pero carecen de valor alguno contra los apetitos de la carne".

COLOSENSES 2:8, 20-23

15

El Legalismo y la Suficiencia de las Escrituras

A medida que continuamos buscando la manera de tratar con estas decisiones que no están determinadas directamente por las Escrituras, nos dirigimos a la cuestión del legalismo.

Para ser claros, mientras algunos usan el término "legalismo" para hablar de la salvación basada en las obras (guardar las leyes para ser salvo), yo lo estoy usando para hablar de la imposición de reglas y comportamientos que la Biblia no impone como pecaminosas.

Pablo trata este tipo de legalismo en el segundo capítulo de su carta a los Colosenses. En el versículo 8 advierte a sus lectores que no permitan a nadie "los haga cautivos por medio de su filosofía y vanas sutilezas, según la tradición de los hombres, conforme a los principioselementales del mundo y no según Cristo". Hay formas de pensar que son engañosas e infructuosas. Estas vienen, no de Cristo, sino de los corazones y las mentes de los hombres y los demonios.

Pablo lo explica de dos maneras. En primer lugar, están aquellos que hacen reclamos de visiones y adoración angélica, aunque en realidad están "envanecidos sin causa", por su "mente carnal" (v. 18). En segundo lugar está el legalismo. Para demostrarlo, Pablo usa los ejemplos de "insistir en días específicos de adoración" y en "algunas normas alimentarias" (vv. 16, 21). Estas dos filosofías falsas. Aunque parecen muy diferentes a primera vista, tienen un hilo común. Si necesitas tener sueños y visiones o reglas adicionales, estás diciendo que Cristo no es suficiente. Estamos ante una bestia de dos cabezas, un rechazo a la suficiencia de Cristo y Su Palabra.

El legalismo está, "en última instancia", en armonía con el diablo y las tradiciones de los hombres, pero no es de Cristo. Si; a través de nuestra unión con Cristo por fe, hemos muerto a estos poderes demoníacos, ¿por qué abrazaríamos el legalismo (vv. 20-21)? Esto no es un asunto menor, sino más bien, un modo de vida que está separado de Cristo.

Es por eso que cuando imponemos reglas que Cristo no ha impuesto, esta "autodegradación" no nos hace más piadosos, como sus adherentes podrían afirmar, aunque en realidad no tenga "ningún valor contra las indulgencias carnales" (v. 23). Puede tener la apariencia de sabiduría, pero irónicamente los juristas no son más maduros espiritualmente, sino que de hecho son más débiles en su fe.

Legalismo En La Iglesia

Cuando digo a los fieles de la iglesia, "¡Pongámonos de pie y cantemos!", no pienso que si te quedas sentado estés pecando. Levantarse para cantar es una petición general a la iglesia, pero cada individuo puede decidir cómo adorar. Si yo fuera a reprender a alguien por adorar en silencio, estaría yendo más allá de los límites de mi autoridad. Eso sería legalismo.

De la misma manera, cuando las iglesias obedecen órdenes del César, no solo entregan la autoridad que se les ha delegado sino que tropiezan con el legalismo. Como pastor de una iglesia, no puedo decirle a la gente que debe usar un tapabocas, como tampoco podría decirle a las mujeres que no usen bluyines o pantalones largos para asistir al culto. Incluso, si tal mandato saliera de mi propio corazón, no tendría ninguna justificación bíblica y sería una forma de legalismo. Como César, yo sería un líder tiránico que va más allá de los límites de la autoridad que se me ha delegado.

La imposición de normas y reglamentos extra-bíblicos es usada por aquellos tiranos que anhelan más poder. Lo curioso es que esas normas extrabíblicas son toleradas, y a menudo abrazadas, porque somos propensos al temor en las "áreas grises". A menudo queremos que nos digan "esto es correcto, y esto es incorrecto" en cada área de la vida, librándonos de la responsabilidad de tomar decisiones y de navegar en oración por esas áreas grises. Por lo tanto, no debería sorprendernos si vemos que las iglesias que históricamente han sido propensas al legalismo son con frecuencia las mismas iglesias que no vieron ningún problema en imponer las normas de César sobre sus iglesias. Aquellos que separarían a los vacunados de los "no vacunados", aquellos que impondrían normas de usar tapabocas, son los mismos que habían hecho imposiciones extrabíblicas mucho antes de que cualquiera de nosotros hubiera oído hablar de Covid-19. Después de todo, si un pastor ha ido constantemente más allá de los límites de su autoridad delegada, ¿por qué reprocharían a César por hacer lo mismo?

Muchos podrían decir que estas reacciones exageradas son frustrantes y mal informadas o incluso francamente pecaminosas, pero no heréticas. ¡No es como si negaran la deidad de Cristo! Esto es, por supuesto, cierto. Sin duda, esto no es una herejía. Pero eso no quiere decir que no sea significativo.

El legalismo es perverso. Da la impresión de piedad, pero rechaza la suficiencia de Cristo. Puede actuar como una cubierta para otros pecados. Y en este escenario, es una entrega de la autoridad que fue delegada a los pastores y confiada por ellos a César en un acto comunitario, ya sea por una decisión consciente o porque fueron cegados por la invasión gradual del estatismo. Esto no es una cosa menor, el legalismo es un tema serio.

Una de las bendiciones de Covid-19 ha sido la forma en que ha expuesto tantas cosas que estaban previamente ocultas, por ejemplo, el miedo a la muerte, una actitud de "laissez-faire" (tolerancia) hacia la iglesia y el encuentro con los santos para dotar y ministrar la iglesia, un mayor deseo de comodidad que la santidad, y también una tolerancia del legalismo.

"Entonces [el gobierno] no debería ... volverse contra las creencias religiosas de la nación que solo se intensifican en tiempos de epidemias. Más bien, cuando los juicios de Dios estallen, el gobierno debe participar en el espíritu de temor que agita las almas ante la majestad de Dios. En lugar de prohibir los servicios de oración debería proclamar un día de oración. De esta manera sus solemnes decisiones y acciones pondrán de relieve la impresión de que como gobierno es impotente para evitar la epidemia, no conoce mejor refugio para la liberación que humillarse ante Dios todopoderoso".

ABRAHAM KUYPER, *Nuestro Programa: Un Manifesto Político Cristiano*, 1879

"Ahora bien, este podría ser el momento para que la iglesia afirme su soberanía contra las invasiones del Estado. La iglesia tiene el deber sagrado de levantarse en majestad y proclamar al mundo que goza de libertad de culto, no por la gracia del Estado sino como un derecho dado por Dios; y que predica la Palabra de Dios, no por la gracia de los gobiernos humanos sino únicamente por orden del Dios soberano y de su Rey soberano, sentado a la diestra de Dios".

R.B. KUIPER, *El Cuerpo Glorioso de Cristo*, 1967

"La doctrina de la autoridad sostiene que normalmente es deber del cristiano someterse a las autoridades ordenadas por Dios. Sin embargo, si las autoridades transgreden descaradamente los parámetros que Dios ha establecido para ellos - si se mueven fuera de su autoridad legal según lo diseñado por Dios, entonces quedan libres de la sumisión".

DAVID W. HALL, *¿Salvador o Servidor? Dejando el Gobierno en su Lugar*, 2020

"Los cristianos auténticos no podemos permitir que ni la opinión mayoritaria ni los edictos del gobierno determinen lo que creemos, especialmente en este momento de la historia".

JOHN MACARTHUR, *"Enfrentando el COVID-19 sin Miedo"*, 2021

Conclusión

"Pero alguien se presentó y les informó: «Miren, los hombres que pusieron en la cárcel están en el templo enseñando al pueblo».

Entonces el capitán fue con los guardias y los trajo sin violencia porque temían al pueblo, no fuera que los apedrearan. Cuando los trajeron, los pusieron ante el Concilio, y el sumo sacerdote los interrogó: «Les dimos órdenes estrictas de no continuar enseñando en este Nombre, y han llenado a Jerusalén con sus enseñanzas, y quieren traer sobre nosotros la sangre de este Hombre».

Pero Pedro y los apóstoles respondieron: «Debemos obedecer a Dios en vez de obedecer a los hombres. El Dios de nuestros padres resucitó a Jesús, a quien ustedes mataron[c] y colgaron en una cruz. A Él Dios lo exaltó a Su diestra como Príncipe y Salvador, para dar arrepentimiento a Israel, y perdón de pecados. Y nosotros somos testigos de estas cosas; y también el Espíritu Santo, el cual Dios ha dado a los que le obedecen»". Hechos 5:25-32

LA AUTORIDAD DADA POR DIOS AL CÉSAR ES LIMITADA Y DELEGADA

En este estudio hemos visto claramente qué tanta autoridad ha sido delegada a César por Dios. Él es el siervo de Dios que recompensa el bien y castiga el mal, como lo define Dios. Cuando César hace esto, es la persona correcta que ejerce su autoridad delegada en el terreno correcto y en la medida correcta. Nuestro deber es someternos a él como ministros y como siervos de Dios. Pero cuando va más allá de estos límites pierde la autoridad porque la única autoridad que tiene proviene de Dios (Romanos 13, 2). *Algunos humanistas dicen que la autoridad del gobierno (César) proviene de la soberanía popular. Nosotros sabemos que proviene de Dios.*

Si yo fuera a su casa y mirara su sofá rojo y dijera, "¡Este sofá es feo! ¡Debes comprar un sofá azul!". Usted debería decirme que me meta en mis propios asuntos. Esa no es mi casa, ni mi terreno, ni mi decisión, ni mi ámbito de autoridad. Es su casa, y toda la autoridad es suya.

Cuando los cristianos aíslan el versículo de Romanos 13 de su contexto llegan a conclusiones erróneas con respecto a la extensión de la autoridad de César, y la mala interpretación crece sin oposición. Se presume falsamente que César puede inventar cualquier regla (estatismo), y nuestra única excepción es que la obediencia nos haría pecar. En tal modelo de gobierno antibíblico, César podría decirnos que hiciéramos lo que él dice y estaríamos obligados a someternos en la mayoría de los casos.

Si permitimos que César venga a nuestra casa y cambie los muebles como él quiere, y luego nos envíe la factura, eso es lo que ocurre. Cuando cualquier líder (de cualquier área) va más allá de los límites dados por Dios, está entrando en la tiranía. Esposos tiránicos, padres tiránicos, empleadores tiránicos, y pastores tiránicos, están todos en oposición a Dios, así como los Césares tiránicos.

TIRANÍA Y COVID

Durante el tiempo del COVID, el César vino a los líderes encomendados por Dios y les dijo en efecto: "Dios les dijo que reunirse juntos es bueno, pero por ahora es malo y no deben hacerlo, o los castigaré". ¿Por cuánto tiempo? –Quince días. No, un mes. No, seis meses. No, un año.

Ocasionalmente pueden reunirse, pero solo fuera de su edificio, no dentro. Y cuando se reúnan afuera, les diré lo que deben vestir, lo cerca que pueden estar el uno del otro (¡no se atrevan a saludarse con un beso santo!), y, de nuevo, los castigaré si no obedecen. Ah, y cuando se encuentren afuera, vistiendo su ropa obligatoria, permanezcan lo suficientemente lejos uno del otro; ¡tampoco pueden cantar!".

En este escenario, César no tiene derecho a inmiscuirse en el culto de la adoración a Dios como lo hizo el rey Uzías (2 Crónicas 26). El gobierno no es el líder elegido de Dios en ese ámbito. Dios ha delegado diferentes líderes a la iglesia y César no tiene autoridad allí.

Más aún, incluso fuera de la iglesia, cuando vamos a supermercados, restaurantes y similares, César tiene una autoridad limitada. No puede inventar las reglas para castigar a los infractores. Su papel se limita al castigo del mal y a la recompensa del bien. No es nuestro médico ni nuestro educador, tutor, mentor, ni es nuestro mejor amigo. En la práctica, rara vez, si es que alguna vez lo hace, se preocupa de verdad por nuestros intereses espirituales. El gobierno no es nuestra conciencia; no es el que define el bien y el mal; no es nuestro padre; y, en los términos más definitivos, no es nuestro dios. En cambio, el gobierno es siervo de Dios y, en menor medida, nuestro siervo.

Tristemente, muchos años de estatismo desenfrenado han envalentonado a César. El grado en que los países han adoptado la supervisión tiránica durante los últimos dos años, ha reflejado el grado en que el estatismo fue aceptado previamente. Los ciudadanos habían sido entrenados para ver a César como su educador y protector de información falsa, como su médico para mantenerlos sanos, y como su autoridad moral para decirles lo que está bien y lo que está mal. No es de extrañar, en medio de una crisis como el COVID, César es visto como el salvador del pueblo que debe ser confiado y obedecido.

De nuevo, no debe sorprendernos que cuando los incrédulos han quitado a Dios de la sociedad, el estatismo crece más y más. Lo que es más decepcionante es cuando los cristianos, que afirman que Dios es el que define el bien y el mal y es su único salvador, se alían con aquellos que rechazan su fe y elevan a César a un papel que Dios no le dio y que, de muchas maneras, reemplaza a Dios.

De manera similar, si bien es un error cuando los cristianos abrazan el estatismo en la sociedad en general, es mucho peor cuando esta doctrina idólatra cruza el umbral de la iglesia de Dios. Sé que muchas iglesias han abrazado el estatismo con las mejores intenciones, pero eso no niega el resultado. El mensaje a tal tiranía debe ser unido, audaz, y sin remordimientos. "Rechazamos su autoridad. Rechazamos sus imposiciones. Nosotros rechazamos sus mandatos".

Eso no quiere decir que un líder de la iglesia no pueda estar de acuerdo con César. Por ejemplo, si César dijera: "Debes entonar el himno "Solo en Cristo" al menos una vez al mes", eso no significa que tengas prohibido hacerlo otros días. Y en verdad puedes. Pero asegúrate de entender que, al hacerlo, no estás cumpliendo con los mandatos tiránicos de César;

simplemente estás haciendo lo que querías hacer de todos modos. "Un reloj roto da la hora correcta dos veces al día", –como dice el refrán, y César puede querer que hagas cosas que también tú quieres hacer. Un acuerdo no es una sumisión.

Además, nótese que nada de esto tiene que ver con la eficacia (o falta de ella) de los tapabocas o las vacunas – Los cristianos pueden tener opiniones diferentes sobre estos asuntos y tomar decisiones diferentes. Lo que estamos concluyendo aquí tiene que ver simplemente con el propósito y las limitaciones de la autoridad humana. El César no tiene la autoridad delegada para decidir lo que te pones y lo que te inyectas, pero si estás de acuerdo con sus conclusiones, entonces hazlo. Pero, por favor, abstente de llamar conformidad a este acuerdo.

EXHORTACIONES FINALES

Quiero terminar diciendo algunas cosas como conclusión a tres grupos diferentes de personas: los que pertenecemos a Cristo, los líderes de la iglesia, y el propio César.

A LOS QUE PERTENECEMOS A CRISTO

Debemos someternos a todas las autoridades gobernantes, si la autoridad ha sido delegada a esa persona, en ese terreno, y está de acuerdo con los propósitos y limitaciones que Dios les ha delegado. Al someternos, estamos sometiéndonos a Dios, quien les ha delegado la autoridad. Más aún, no debemos temer someternos, porque la rebelión contra ellos es rebelión contra Dios cuya autoridad están ejerciendo.

Este no es, sin embargo, un llamado a la obediencia general a cualquier gobierno civil. Si alguien nos dice que debemos obedecerle, nuestras preguntas deben ser: quiénes son ellos, qué autoridad les ha delegado Dios, en qué terreno se les concedió la autoridad, y cuáles son los propósitos y límites en la autoridad que Él les ha delegado.

Cuando Jesús volteó las mesas en el templo, la pregunta que se le hizo fue con respecto a Su autoridad (Juan 2:18). La cuestión de la autoridad es crucial. No debemos preguntar "¿Por qué lo haces?" sino, "¿Con qué autoridad lo haces?"

Así que debemos someternos cuando alguien está ejerciendo la autoridad legítima delegada por Dios; pero cuando alguien nos dice que nos sometamos, no debemos asumir automáticamente que esa persona tiene autoridad legítima. Con respecto a César específicamente, él tiene la autoridad para castigar el mal como lo define Dios, aunque él no es nuestro padre, ni nuestro médico, mucho menos nuestro Dios. Rendimos al César lo que es del César, pero él no decide lo que es suyo; Dios lo hace.

Cuando el gobierno sale de su autoridad delegada y actúa como si fuera un dios, la iglesia debe levantarse y advertirle de su violación. Cuando la iglesia se inclina ante sus demandas, no se trata solo de un equivalente a la idolatría que afecta a ambos, al César (que se envalentonó y por lo tanto está huyendo del juicio de Dios) y a aquellos que continúan en su adoración impía de él. Estamos, de todas maneras, respaldando su reinado tiránico.

Cuando se les preguntó a los amigos de Daniel quién los salvaría del horno de fuego, ellos respondieron diciendo que Dios era capaz, pero, "...Pero si no lo hace, ha de saber, oh rey, que no serviremos a sus dioses ni adoraremos la estatua de oro que ha levantado" (Daniel 3:18). Ellos estaban dispuestos a ir a la muerte en lugar de cumplir la demanda de César. ¿Estamos preparados para negarnos a nosotros mismos, tomar nuestra cruz y seguirlo? ¿O estamos más interesados en una vida cómoda y pacífica?

A Las Iglesias Locales y Sus Líderes

Si Dios te ha delegado la autoridad sobre una iglesia local, no cedas esa autoridad a otro. Hacerlo es inclinarse ante el César como si Dios lo hubiera hecho un buen pastor bajo cuya autoridad sirves; como si fuera tu dios.

Muchas personas han dejado (con razón) sus iglesias por este mismo asunto, y los creyentes están siendo forzados a separarse en dos grupos – los que se inclinan ante César y los que obedecen a Dios y no a los hombres (Hechos 5).

Aquí, en el Condado de Los Ángeles, California, hay iglesias que criticaron y condenaron a aquellos que resistieron la tiranía de César. Esas iglesias que cerraron y continuaron reuniéndose afuera, se obligaron a usar tapabocas y a la segregación social, y prohibieron el canto −a menudo todos los cantos−. Ahora se están reuniendo bajo techo sin restricciones de nuevo, no porque la amenaza haya cambiado sino porque las mismas personas a las que criticaban llevaron este asunto a los tribunales hasta que hubo una sentencia favorable del Tribunal Supremo. La sentencia del Tribunal Supremo demostró claramente que las restricciones siempre fueron ilegales según la Constitución.

Sin embargo, no he encontrado un solo ejemplo de ninguno de estos líderes de la iglesia arrepintiéndose o incluso disculpándose ante aquellos a quienes criticaron. Son lentos en corregir su error, pero rápidos en beneficiarse de aquellos contra los que hablaron.

Si esta fue la manera como las iglesias estadounidenses respondieron, ¿qué esperanza había para las iglesias en las naciones que no tienen una constitución tan sólida que proteja su derecho a practicar su fe?

Lo que todos debemos entender, cualquiera que sea el país en el que residamos es, que, en los Estados Unidos, la Constitución no otorga ningún derecho "per se" (por sí misma) a los estadounidenses. Simplemente reconoce los derechos que Dios les ha dado e impide que César les quite esos derechos. Por lo tanto, estos derechos les pertenecen a todos los que viven allí, independientemente de la nacionalidad, como hemos visto. Si las iglesias estadounidenses, cuya Constitución protege sus derechos dados por

Dios, se doblegan bajo la presión de algunos Césares menores, ¿qué esperanza hay para aquellos en países donde el César supremo no reconoce esos derechos dados por Dios?

Muchos de los que tienen la mejor oportunidad de enfrentarse a la tiranía de César han elegido inclinarse ante él. La única manera de avanzar es lograr un entendimiento bíblico de la autoridad y arrepentirse, declarando públicamente su error sin inclinarse ante el gobierno.

Para Todos los Césares a Quienes Dios ha Delegado Su Autoridad

César necesita que le digan muy claramente, por medio de tantas iglesias y cristianos como sea posible, actuando como los sacerdotes en el tiempo de Uzías: "Salga del santuario, porque usted ha sido infiel y no recibirá honra del Señor Dios" (2 Cró. 26:18b). Así pues, el tipo de Césares que tenemos, no importa cuán malos sean, han sido delegados por nuestro Dios y quizás incluso sea una forma como Dios trata con nosotros, pero eso no los hace inmunes al juicio. "¡Ay de Asiria, vara de Mi ira y báculo en cuyas manos está mi indignación!". – Esto deja todo claro (Isa. 10:5). El versículo 12 lo hace aún más claro: "Y sucederá que cuando el Señor haya terminado toda Su obra en el monte Sión y en Jerusalén, dirá: «Castigaré el fruto del corazón orgulloso del rey de Asiria y la ostentación de su arrogancia»". Los Césares tiránicos serán juzgados algún día.

Isaías 5:20-21 les da otra amonestación: "¡Ay de los que llaman al mal bien y al bien mal, que tienen las tinieblas por luz y la luz por tinieblas, que tienen lo amargo por dulce y lo dulce por amargo! ¡Ay de los sabios a sus propios ojos e inteligentes ante sí mismos!".

Ya lo habíamos notado el versículo 20 y su eco en Romanos 12:9, pero miremos la advertencia del versículo 21 acerca de que ellos son "sabios a sus propios ojos" y veamos un eco similar en Romanos 12:16 "No sean sabios en su propia opinión".

Todos aquellos a quienes se les concede una posición en el gobierno civil, desde oficiales de la ley, jueces y gobernadores, hasta presidentes y primeros ministros, deben ser humildes reconociendo al Dios que los ha nombrado para ser Sus siervos. Deben reconocer que su deber es recompensar el bien y castigar el mal, y que solo Dios puede definir esos términos. Ellos deben entender que su posición trae una grave responsabilidad y que por ella serán juzgados muy estrictamente. Por cada vez que llamen al bien mal y al mal bien, por cada vez que castiguen el bien o recompensen el mal, por cada vez que vayan más allá del papel que Dios les dio, serán juzgados responsables.

Que Dios les conceda la misma misericordia que mostró a Nabucodonosor, a quien convirtió en una bestia para que fuera llevado a la humildad y al arrepentimiento, antes de que su vida terminara (Daniel 4).

Que aquellos reyes que se levantan contra Yahvé

y Su Ungido (Salmo 2:2), pretendiendo derribar Su legítima autoridad (v. 3), sepan que Él se ríe de ellos (v. 4) y les habla en Su ira (v. 5). Que escuchen su advertencia (v. 10), que le sirvan "con reverencia y se alegren con temblor" (v. 11). ¡Que "honren al Hijo para que no se enoje y perezcan en el camino" (v. 12a)! ¡Pues puede inflamarse de repente Su ira. ¡Cuán bienaventurados son todos los que en Él se refugian! (v. 12b)!

Una cosa es segura: sea que se arrepientan o no, el Dios que los designó será glorificado a través de ellos. ¡AMÉN!

www.ingramcontent.com/pod-product-compliance
Lightning Source LLC
Chambersburg PA
CBHW061827040426
42447CB00012B/2853